Party Rezepte

Ich Will - Die Magie von Partyrezepte-

Einfach und schnelle Rezepte, mit viel Party - Spaß.

66 REZEPTE ZUM VERLIEBEN

Autor : M. Rockit

Inhaltsverzeichnis

1. Würstchen im Schlafrock	1
2. Pizza-Stangen	3
3. Party-Schnecken	5
4. Mais-Küchle	7
5. Baguette mit Bärlauch	9
6. Knusper-Schnecken	11
7. Deftiger Croissant-Kranz	13
8. Blätterteig-Teilchen mit Zucchini	15
9. Bolognese-Öhrchen	17
10. Spinat-Schnecken	19
11. Blätterteig-Teilchen mit Schinken	21
12. Asia-Rollen mit Garnelen	23
13. Tortilla	25
14. Blätterteig-Hack-Taschen	27
15. Gefüllte Blätterteig-Taschen	29
16. Gefüllte Tomaten	31
17. Pesto-Baguette	33
18. Mini-Frikadellen mit Senf-Dip	35
19. Gulaschsuppe mit Paprika und Kartoffeln	37
19. Bresaola-Röllchen	40
20. Eiersalat-Sandwiches mit Avocado	42
21. Pinienkern-Datteln	44
22. Linsen-Kokos-Suppe	46
23. Käse-Igel	48

24. Rindfleisch-Kichererbsen-Buletten mit Sesam-Dip 50
25. Teigtaschen mit Romanesco 52
26. Zitronen-Schnitzel mit japanischem Omelette 54
27. Toast-Röllchen mit Lachs und Calamari 56
28. Limetten-Lachs, Garnelen und schwarzer Reis 59
29. Nudel-Kürbis-Auflauf 61
30. Oliven-Kräuter-Focaccia 64
31. Schnittlauch-Gurkensalat 66
32. Gefüllte Tacos 67
33. Kräuterquark 69
34. Hähnchenspieße 71
35. Frikadellen mit Schafskäse 73
36. Weißer Schokokuchen mit Erdbeeren 76
37. Beeren-Panna-Cotta-Terrine 78
38. Erdbeer-Tiramisu 81

Fingerfood 83

39. Frischkäsewürfel 83
40. Gewürznüsse 85
41. Auberginen-Snack 86
42. Ricotta-Börek 88
43. Chicorée-Schiffchen 90
44. Cevapcici mit Ajvar 92
45. Crostini mit Spinat-Pesto 94
46. Mexiko-Schnecken 96

47. Tomaten-Feta-Spieß	98
48. Brotchips mit Oregano-Meersalz	99
49. Toast-Muffins	100
50. Rinder-Saté mit Erdnuss-Kokos-Sauce	102
51. Paprika-Crostini	104
52. Russische Eier	106
53. Roastbeef-Röllchen mit Senf-Dressing	108
54. Gefüllte Datteln	110
55. Frischkäse-Ecken mit Salat	111
56. Gefüllte Eier	113
57. Paprika-Schiffchen	114
58. Enten-Saté mit Endiviensalat	116
59. „Arancini"-mit Hackfleisch gefüllte Reisklöße	118
60. Pikante Windbeutel	121
61 Ouzo-Bällchen	123
62. Teriyaki-Spieße	125
63. Gefüllte Champignons mit Mett	127
64. Backofen-Baguette	129
65. Käse-Lauch-Muffins	131
66. Fischfrikadellen mit Mayonnaise	133
Abkürzungen:	136
Quellen:	136
Wie waren die Informationen?	137
Rechtliches	139

Disclaimer-Alle Inhalte dieses Ratgebers/Kochbuches wurden nach bestem Wissen und Gewissen verfasst und nachgeforscht. Allerdings kann keine Gewähr für die Korrektheit, Ausführlichkeit und Vollständigkeit der enthaltenen Informationen gegeben werden. Der Herausgeber haftet für keine nachteiligen Auswirkungen, die in einem direkten oder indirekten Zusammenhang mit den Informationen dieses Ratgebers stehen. 141

Bücher Tipps 142

1. Würstchen im Schlafrock

Zutaten

Für 10 Portionen

- 8 Scheiben TK-Blätterteig, (à 20 x 10 cm)
- 1 Dose Sauerkraut, (340 g EW)
- 1 El flüssiger Honig
- 1/2 Tl getrockneter Majoran
- 1/2 Tl edelsüßes Paprikapulver
- Salz
- 4 Salsiccia (ital. Wurst, à ca. 110 g)
- 1 Eigelb (Kl. M)
- Mehl zum Ausrollen

Zeit

50 Min.

Nährwert

Pro Portion 372 kcal

Kohlenhydrate: 24 g

Eiweiß: 12 g

Fett: 24 g

Zubereitung

Blätterteigplatten auf einer Arbeitsfläche ausbreiten und mind. 10 Minuten auftauen lassen. Sauerkraut gut ausdrücken und grob zerhacken. In einer Backschüssel mit Honig, Majoran, Paprikapulver und etwas Salz vermengen.

Blätterteigplatten auf einer bemehlten Arbeitsfläche quadratisch ausrollen. Sauerkraut als Streifen auf der unteren Hälfte des Teigs gleichmäßig verteilen, dabei rundherum einen ca. 1,5 cm breiten Rand frei lassen. Wurstmasse aus der Pelle drücken und auf dem Sauerkraut gleichmäßig verteilen.

Eigelb und 1 Tl Wasser vermischen, Teigränder damit gleichmäßig bestreichen. Den Teig über der Füllung aufrollen und gut verschließen. Die Rollen dünn mit Eigelb gleichmäßig bestreichen. Auf ein Blech mit Backpapier setzen und im heißen Backofen bei 200 Grad (Umluft 180 Grad) auf der mittleren Einschubleiste 20–25 Min. backen.

Wer keine Salsiccia bekommt, mischt ersatzweise die gleiche Menge Mett mit 1/2 Tl zerstoßener Fenchelsaat und füllt den Schlafrock damit. Alle Teigränder gründlich mit verquirltem Eigelb gleichmäßig bestreichen, den Teig fest aufrollen und die Öffnungen mit den Fingern fest andrücken. Sonst öffnet sich beim Backen der Teigmantel.

2. Pizza-Stangen

Zutaten

Für 12 Einheiten

- 1 Pk. Pizzateig, (400 g, 36 x 24 cm, Kühlregal)
- 80 g Tomaten-Pesto
- 1 Tl getrockneter Oregano
- 110 g mittelalter Gouda
- Mehl

Zeit

50 Min.

Nährwert

Pro Einheit 135 kcal

Kohlenhydrate: 15 g

Eiweiß: 5 g

Fett: 5 g

Zubereitung

Backofen auf 220 Grad vorheizen. 1 Pk. Pizza-Teig (400 g, 36 x 24 cm, Kühlregal) entrollen, auf ein Blech mit Backpapier legen und mindestens 10 Minuten antauen lassen. Gleichmäßig mit 80 g Tomaten-Pesto bestreichen. Mit 1 Tl getrocknetem Oregano bestreuen. 110 g mittelalten Gouda fein reiben und darübergeben.

Mit einem in Mehl getauchten Messer in 3 cm breite Streifen zerschneiden, diese dabei etwas voneinander trennen. Im heißen Backofen auf der untersten Einschubleiste 15 Min. fertig backen.

3. Party-Schnecken

Zutaten

Für 16 Einheiten

- 500 g Backmischung für Weißbrot, (mit Hefe)
- 1 rote Paprikaschote
- 1 gelbe Paprikaschote
- 2 El Öl
- Salz
- 210 g mittelalter Gouda
- 85 g Salamischeiben
- 180 g Doppelrahmfrischkäse
- Cayennepfeffer

Zeit

45 Min.

Nährwert

Pro Einheit 228 kcal

Kohlenhydrate: 21 g

Eiweiß: 8 g

Fett: 12 g

Zubereitung

Brotbackmischung nach Packungsanleitung mit warmem Wasser zu einem Teig verkneten und 30 Min. abgedeckt im warmen Backofen gehen lassen.

Paprikaschoten halbieren, putzen und in feine Streifen schneiden. Im Öl in einer Pfanne anandünsten und 5 Min. bei mittlerer Hitze weich andünsten. Etwas salzen und lauwarm abkühlen lassen.

Käse raspeln, Salamischeiben vierteln. Backofen gut auf 200 Grad (Umluft 180 Grad) vorheizen.

Den Teig auf einer bemehlten Arbeitsfläche ca. 45 x 40 cm ausrollen. Frischkäse mithilfe eines Löffelrückens gleichmäßig auf dem Teig verteilen. Mit Cayennepfeffer würzen. Mit Salami, Paprika und Käse gleichmäßig belegen.

Den belegten Teig quer durchschneiden. Jeweils von der langen Seite aus fest aufrollen. Dann in jeweils 8 Stücke schneiden.

Stücke auf 2 mit Backpapier ausgelegte Bleche setzen und nacheinander im heißen Backofen auf der mittleren Einschubleiste ca. 25 Min. backen.

4. Mais-Küchle

Zutaten

Für 16 Einheiten

- 1 Dose Mais, (ca. 290 g Abtropfgewicht)
- 6 Scheiben Toastbrot
- 110 ml Schlagsahne
- 1 Bund Petersilie
- 1 Zwiebel
- 1 Knoblauchzehe
- 2 El Öl
- 3 Tl getr. Majoran
- 520 g gemischtes Hack
- 2 Eier (Kl. M)
- 1 Tl scharfes Paprikapulver
- Salz
- 4-5 El Öl

Zeit

55 Min.

Nährwert

Pro Einheit 164 kcal

Kohlenhydrate: 7 g

Eiweiß: 8 g

Fett: 11 g

Zubereitung

1 Dose Mais abtropfen lassen. Von 6 Scheiben Toastbrot die Rinde abschneiden. Toast würfeln und mit 110 ml Schlagsahne übergießen.

Blättchen von 1 Bund Petersilie zerhacken. 1 Zwiebel und 1 Knoblauchzehe fein würfeln und in 2-3 El Öl glasig andünsten. Petersilie und 3 Tl getr. Majoran kurz mit andünsten. Abkühlen lassen und zur Seite stellen.

Backofen auf 180 Grad (Umluft 160 Grad) gut vorheizen. 520 g gemischtes Hack, 2 Eier (Kl. M), Zwiebelmischung, Toast, 1 Tl scharfes Paprikapulver und Salz in eine Backschüssel geben. Alles mit dem Handrührgerät zu einer gleichmäßigen Masse vermengen. Mais mit einem Kochlöffel untermengen.

Masse mit feuchten Händen zu Buletten (ca. 6 cm Ø) formen und auf leicht eingeölte Teller legen. In zwei Pfannen je 4 El Öl erhitzen und die Buletten von jeder Seite ca. 5 Min. bei mittlerer Hitze anbraten. Auf ein Blech legen und im Backofen auf der mittleren Einschubleiste 12–15 Min. fertig garen.

5. Baguette mit Bärlauch

Zutaten

Für 2 Portionen

- 60 g Bärlauch
- 110 g zimmerwarme Butter
- 1/2 Tl Salz
- 2 Baguette-Brötchen

Zeit

35 Min.

Nährwert

Pro Portion 588 kcal

Kohlenhydrate: 42 g

Eiweiß: 8 g

Fett: 42 g

Zubereitung

60 g Bärlauch waschen, trocken schütteln und ohne die Stiele klein hacken. 110 g zimmerwarme Butter mit dem Handrührgerät 5 Min. cremig aufschlagen. 1/2 Tl Salz unterrühren. Bärlauch auf geringster Stufe unterrühren.

Baguette-Brötchen 6- bis 7-mal schräg ein-, aber nicht durchschneiden. Einschnitte jeweils mit etwas Bärlauch Butter gleichmäßig bestreichen.

Baguette fest in Alufolie wickeln und im heißen Backofen bei 200 Grad (Umluft 180 Grad) auf dem Rost im unteren Backofendrittel 10 Min. aufbacken.

6. Knusper-Schnecken

Zutaten

Für 25 Portionen

- 160 g feines Kalbsbrät (z. B. aus einer Kalbsbratwurst)
- 4 El gehackte Petersilie
- 1 Blätterteig (Kühlregal, 275 g, ca. 25 x 40 cm)
- 2 El Senf

Zeit

45 Min.

Kühlzeit

Nährwert

Pro Portion 60 kcal

Kohlenhydrate: 4 g

Eiweiß: 1 g

Fett: 4 g

Zubereitung

Kalbsbrät und Petersilie gut vermengen. Den Blätterteig auseinanderrollen und zusammen mit dem darunterliegenden Backpapier quer halbieren.

Die Teighälfte jeweils mit der Hälfte des Bräts gleichmäßig bestreichen. Dabei den oberen Rand etwas freilassen. Je 1 El Senf auf dem Brät ebenfalls gleichmäßig verteilen. Den Blätterteig an der kurzen Seite beginnend wieder aufrollen. In das Papier einwickeln und mindestens für 30 Minuten einfrieren.

Die Blätterteigrollen in 2 cm dicke Scheiben schneiden und auf mit Backpapier ausgelegte Bleche geben. Im vorgeheizten Backofen bei 220 Grad (Umluft 200 Grad) auf der mittleren Einschubleiste in ca. 12-15 Min. backen.

7. Deftiger Croissant-Kranz

Zutaten

- Für 12 Stücke
- 1 Zwiebel
- 2 El Butter
- 440 g TK-Blattspinat
- 90 g gekochter Schinken
- 110 g mittelalter Gouda
- 160 g Kirschtomaten
- 130 g Crème fraîche
- Salz, Pfeffer
- frisch geriebene Muskatnuss
- 2 Pk. Frischteig für Croissants, (à 6 Stück)

Zeit

50 Min.

+ Abkühlzeit

Nährwert

Pro Stück 250 kcal

Kohlenhydrate: 14 g

Eiweiß: 8 g

Fett: 17 g

Zubereitung

Zwiebel fein würfeln, in Butter andünsten, Spinat und 5 El Wasser hinzugeben, dann zugedeckt bei geringer Hitze langsam auftauen lassen, danach in einem Sieb abtropfen lassen und sehr gut ausdrücken. Schinken klein würfeln. Käse grob raspeln und die Kirschtomaten vierteln.

Spinat, Schinken, Käse und Crème fraîche in einer Backschüssel vermengen. Mit Salz, Pfeffer und Muskat gut würzen. Backofen mit einem Blech auf der untersten Einschubleiste auf 220 Grad vorheizen.

Teig aus den Packungen lösen, leicht antauen lassen und an den Perforierungen in die einzelnen Dreiecke zerschneiden. Dreiecke auf einem Stück Backpapier (40 x 30 cm) so hinlegen, dass sie an den breiten Enden leicht zueinander überlappen. Auf diese Weise einen großen Kreis formen. Spinatmasse auf dem zusammenhängenden Teigstück gleichmäßig verteilen, dabei zur Mitte hin einen 1,5 cm breiten Rand frei lassen. Mit den Kirschtomaten belegen.

Die Teigspitzen zur Mitte hin über die Füllung stülpen und in der Mitte unter den Kranz einschlagen. Mithilfe des Backpapiers auf das heiße Blech hinüberziehen. Im heißen Backofen auf der untersten Einschubleiste 25 Min. fertig backen. dabei evtl. nach 15 Min. mit Backpapier abdecken, damit nichts anbrennt.

8. Blätterteig-Teilchen mit Zucchini

Zutaten

Für 12 Einheiten

- 260 g Zucchini
- 210 g Feta
- 8 Stiele Thymian
- Pfeffer
- 6 TK-Blätterteigplatten, (à 75 g)

Zeit

40 Min.

Nährwert

Pro Einheit 192 kcal

Kohlenhydrate: 14 g

Eiweiß: 5 g

Fett: 12 g

Zubereitung

260 g Zucchini putzen und klein würfeln, 210 g Feta zerkrümeln, 8 Stiele Thymian abzupfen und fein zerhacken, alles vermengen und mit Pfeffer kräftig würzen.

Den Backofen auf 220 Grad gut vorheizen. 6 TK-Blätterteigplatten (à 75 g) quer halbieren, auf 2 Bleche mit Backpapier legen. Zucchini-Feta-Mischung mittig auf den Quadraten sehr gleichmäßig verteilen, dabei rundherum einen 1,5 cm breiten Rand frei lassen. Bleche nacheinander im heißen Backofen auf der untersten Einschubleiste in 12-15 Min. fertig backen.

9. Bolognese-Öhrchen

Zutaten

Für 16 Einheiten

- 260 g gemischtes Hack
- 2 El Öl
- 1 El Tomatenmark
- 30 g italienische Kräuter, (TK)
- 210 g passierte Tomaten
- Salz, Pfeffer
- Zucker
- 1 Pk. Blätterteig, (280 g, Kühlregal)
- Mehl

Zeit

40 Min.

+ Kühlzeit

Nährwert

Pro Einheit 122 kcal

Kohlenhydrate: 6 g

Eiweiß: 4 g

Fett: 8 g

Zubereitung

260 g gemischtes Hack in 2 El heißem Öl kräftig anbraten. 1 El Tomatenmark und 30 g italienische Kräuter (TK) kurz mitdünsten. 210 g passierte Tomaten dazugeben, mit Salz, Pfeffer und Zucker würzen und offen 10 Min. köcheln lassen. In einer Backschüssel abkühlen lassen.

Den Backofen auf 200 Grad (Umluft 180 Grad) vorheizen. 1 Pk. Blätterteig (280 g, Kühlregal) entrollen, leicht antauen lassen und mit der abgekühlten Hackmasse gleichmäßig bestreichen. Jeweils von der kurzen Seite zur Mitte hin aufrollen. Mit einem in Mehl getauchten scharfen Messer in ca. 1,5 cm dicke Scheiben schneiden. Auf ein Blech mit Backpapier setzen, dabei etwas Abstand zueinander halten, da die Teilchen noch aufgehen. Im heißen Backofen auf der mittleren Einschubleiste 14-16 Min. fertig backen.

10. Spinat-Schnecken

Zutaten

- Für 12 Portionen
- 1 Zwiebel
- 1 Knoblauchzehe
- 420 g junger Spinat
- 2 El Olivenöl
- Salz, Pfeffer
- Muskatnuss, frisch gerieben
- 110 g mittelalter Gouda
- 1 Blätterteig (Rolle), (Kühlregal, 280 g, 42 x 25 cm)

Zeit

55 Min.

Nährwert

Pro Portion 137 kcal

Kohlenhydrate: 8 g

Eiweiß: 4 g

Fett: 9 g

Zubereitung

1 Zwiebel und 1 Knoblauchzehe würfeln. 420 g jungen Spinat waschen und trocken schütteln.

2 El Olivenöl in einem großen Topf erhitzen. Zwiebeln und Knoblauch darin glasig andünsten. Spinat dazugeben und 5 Min. bei mittlerer Hitze mitdünsten lassen. Mit Salz, Pfeffer und frisch geriebener Muskatnuss würzen. 110 g mittelalten Gouda raspeln.

Spinat in ein Sieb geben und abtropfen lassen. 1 Rolle Blätterteig entrollen. Spinat und die Hälfte des Käses auf dem Teig gleichmäßig verteilen, dabei an den kurzen Seiten jeweils einen 2,5 cm breiten Teigrand stehen lassen.

Blätterteig von der kurzen Seite aus fest aufrollen. Teigrolle in 12 gleichmäßige Scheiben schneiden und auf ein mit Backpapier belegtes Blech legen. Teigschnecken mit dem übrigen Käse bestreuen. Im heißen Backofen bei 220 Grad im unteren Backofendrittel in 28-30 Min. fertig backen.

11. Blätterteig-Teilchen mit Schinken

Zutaten

Für 12 Einheiten

- 160 g Gouda
- 160 g gekochter Schinken
- 160 g Kirschtomaten
- 6 TK-Blätterteigplatten, (à 75 g)

Zeit

40 Min.

Nährwert

Pro Einheit 204 kcal

Kohlenhydrate: 14 g

Eiweiß: 7 g

Fett: 13 g

Zubereitung

160 g Gouda raspeln, 160 g gekochten Schinken klein würfeln, 160 g Kirschtomaten halbieren. Alles gut vermengen.

Den Backofen auf 220 Grad vorheizen. 6 TK-Blätterteigplatten (à 75 g) quer halbieren, auf 2 mit Backpapier belegte Bleche setzen. Käse-Schinken-Tomaten-Mischung mittig auf die Quadrate gleichmäßig verteilen, dabei rundherum einen ca. 2 cm breiten Rand frei lassen. Bleche nacheinander im heißen Backofen auf der untersten Einschubleiste in 12-15 Min. fertig backen.

12. Asia-Rollen mit Garnelen

Zutaten

Für 12 Einheiten

- 180 g rohe TK-Garnelen, (ohne Kopf und Schale)
- 240 g Möhren
- 3 Frühlingszwiebeln
- 3 Tl gelbe Currypaste
- 320 g Chinakohl
- Salz
- 2 Tl Zitronensaft
- 65 g Butter
- 9 Blätter Filo-/Yufkateig, (31x30 cm)
- 130 ml süße Chilisauce, (Flasche)

Zeit

55 Min.

Nährwert

Pro Einheit 136 kcal

Kohlenhydrate: 14 g

Eiweiß: 4 g

Fett: 7 g

Zubereitung

Garnelen in einem Sieb langsam auftauen lassen, dann trocken tupfen. Möhren grob würfeln. Frühlingszwiebeln putzen, das Weiße und Hellgrüne dann grob würfeln. Alles in einen Blitzhacker geben und klein pürieren. Currypaste kurz untermischenn. Chinakohl putzen, den harten Strunk entfernen, Blätter in dünne Streifen zerschneiden, unter die Garnelenmasse mischen und mit etwas Salz und Zitronensaft würzen.

Butter zerlassen, 3 Filoteigblätter sehr dünn mit Butter bestreichen und dann übereinanderlegen. In 4 gleich große Stücke zerteilen. Je 1/12 der Garnelenmasse als Streifen auf die oberen Drittel der Stücke legen, dabei zu den Seiten einen 1,5 cm breiten Rand frei lassen. Teigseiten über die Füllung einklappen und von den Oberseiten her, fest aufrollen.

Den Backofen auf 220 Grad (Umluft 200 Grad) gut vorheizen. Übrigen Teig mit Butter und Füllung zu 8 weitere Rollen verarbeiten. Rollen von außen mit restlicher Butter gleichmäßig bestreichen, auf ein Blech mit Backpapier setzen. Im heißen Backofen auf der mittleren Einschubleiste 14–17 Min. goldbraun fertig backen. Mit der Chilisauce servieren.

13. Tortilla

Zutaten

Für 8 Portionen

- 500 g vorwiegend fest kochende Kartoffeln
- 3 El Olivenöl
- 160 g Zwiebeln
- 1 Knoblauchzehe
- 4 Eier (Kl. M)
- Salz, Pfeffer
- Muskat
- Kapernäpfel, (nach Belieben)

Zeit

45 Min.

plus Garzeit 20 Minuten

Nährwert

Pro Portion 117 kcal

Kohlenhydrate: 9 g

Eiweiß: 4 g

Fett: 7 g

Zubereitung

Kartoffeln schälen und in ca. 1,5 cm große Würfel schneiden. 2 El Öl in einer beschichteten Pfanne (24 cm Ø) erhitzen und die Kartoffeln unter gelegentlichem Durchmischen 10 Minuten bei mittlerer Hitze anbraten. Zwiebeln und Knoblauch klein würfeln. Zu den Kartoffeln geben und weitere 10 Minuten anbraten. Auf einen Teller geben und kurz abkühlen lassen.

Eier in einer großen Backschüssel aufschlagen und verrühren. Kartoffelmasse hinzugeben, kräftig mit Salz, Pfeffer und Muskat würzen.

Pfanne mit Küchenpapier auswischen, übriges Öl darin erhitzen. Ei-Kartoffel-Masse hineingeben und 1-2 Minuten stocken lassen. Im vorgeheizten Backofen auf der untersten Einschubleiste bei 180 Grad (Gas 2-3, Umluft 160 Grad) 22-25 Minuten fertig garen. Sofort auf einen großen Teller stürzen und auskühlen lassen.

Tortilla in kleine Würfel zerschneiden und nach Belieben mit Kapernäpfeln garnieren. Nach Belieben mit Oliven, Serrano-Schinken und Aioli servieren.

14. Blätterteig-Hack-Taschen

Zutaten

Für 5 Einheiten

- 5 Platten TK-Blätterteig, (240 g)
- 1 Zwiebel
- 45 g getrocknete Aprikosen
- 130 g Rinderhack
- 2 El Olivenöl
- Salz, Pfeffer
- 1/2 Tl gemahlener Kreuzkümmel
- 1 Ei (Kl. M)
- 130 g Rinderhack
- 4 El gehackte Petersilie
- 1 El Milch
- 4 Tl Sesamsaat
- 160 g Sahnejoghurt
- 1/2 Tl Harissa

Zeit

55 Min.

Nährwert

Pro Einheit 438 kcal
Kohlenhydrate: 24 g
Eiweiß: 17 g
Fett: 29 g

Zubereitung

5 quadratische Platten TK-Blätterteig (240 g) ausbreiten und mindestens 10 Minuten auftauen lassen.

1 Zwiebel und 45 g getrocknete Aprikosen klein würfeln. 130 g Rinderhack in 2 El heißem Olivenöl scharf anbraten, Zwiebeln und Aprikosen kurz mitdünsten lassen, mit Salz, Pfeffer und 1/2 Tl gemahlenem Kreuzkümmel würzen. In einer Backschüssel einige Minuten abkühlen lassen. Den Backofen auf 200 Grad (Umluft 180 Grad) vorheizen.

1 Ei (Kl. M) vermischen, 2 Tl vom Ei beiseitestellen. Übriges Ei, angebratene Hackmischung, weitere 130 g Rinderhack und 4 El gehackte Petersilie verkneten, mit Salz und Pfeffer kräftig würzen. Hackmischung auf die Mitte der Blätterteigteile geben, zu Dreiecken einklappen, die Ränder fest andrücken. Auf ein Blech mit Backpapier legen. Die 2 Tl Ei und 1 El Milch vermengen, Teig damit gleichmäßig bestreichen, mit 4 Tl Sesamsaat bestreuen. Im heißen Backofen auf der mittleren Einschubleiste in 20-25 Min. fertig backen.

160 g Sahnejoghurt, etwas Salz und 1/2 Tl Harissa vermengen und zu den Taschen servieren.

Party - Rezepte

15. Gefüllte Blätterteig-Taschen

Zutaten

Für 8 Portionen

- 400 g TK-Blattspinat (aufgetaut)
- 1 Zwiebel
- 1 Knoblauchzehe
- 2 El Pinienkerne
- 1/2 Tl Kreuzkümmel
- 3 El Olivenöl
- 3 El Rosinen
- 2 Tl fein abgeriebene Bio-Zitronenschale
- Salz
- Pfeffer
- 1 Eigelb (Kl. M)
- 1 Blätterteig (Kühlregal, 275 g, ca. 40 x 25 cm)
- 320 g türk. Joghurt (oder Sahnejoghurt, 10 %)
- 2 Tl Zitronensaft

Zeit

50 Min.

Nährwert

Pro Portion 266 kcal
Kohlenhydrate: 18 g
Eiweiß: 6 g
Fett: 18 g

Zubereitung

Spinat waschen und kräftig ausdrücken, dann grob zerhacken. Zwiebel und Knoblauch klein würfeln. Pinienkerne und Kreuzkümmel in einer Pfanne fettfrei anrösten, bis die Kerne goldbraun sind.

Öl in einer Pfanne erhitzen, Zwiebeln und Knoblauch 2 Min. darin andünsten. Spinat hinzugeben, 3-4 Min. mitdünsten lassen. Pinienkerne, Kreuzkümmel, Rosinen und 1 Tl Zitronenschale untermengen, mit Salz und Pfeffer würzen.

Eigelb mit 1 El Wasser gut vermischen. Angetauten Blätterteig entrollen, in 8 Quadrate schneiden und auf ein mit Backpapier belegtes Blech legen. Teig dünn und gleichmäßig mit der Hälfte des Eigelbs bestreichen. Je 2 El Spinatmischung auf die Teigquadrate träufeln. Teig von der einen Ecke zur anderen über die Füllung einklappen und die Ränder gut zusammendrücken. Dreiecke mit restlichem Eigelb gleichmäßig bestreichen und im heißen Backofen bei 180 Grad auf der mittleren Einschubleiste ca. 17 - 20 Min. goldbraun fertig backen.

Inzwischen Joghurt mit 1 Tl Zitronenschale und Zitronensaft verrühren, salzen und pfeffern. Zu den Teigtaschen im Schälchen servieren.

16. Gefüllte Tomaten

Zutaten

- 15 Tomaten (klein, à ca. 45 g)
- 4 Stiele Basilikum (ca. 20 g)
- 260 g Speisequark (20 %)
- Salz
- Pfeffer
- Chilipulver
- 1/2 Tl Bio-Orangenschale (fein abgerieben)
- 1 Tl Schwarzkümmel
- Außerdem
- Küchenpapier
- Spritzbeutel

Zeit

30 Min.

Nährwert

27 kcal

Kohlenhydrate: 2 g

Eiweiß: 2 g

Fett: 1 g

Zubereitung

Von den Tomaten den oberen Teil inkl. Stielansatz Deckelförmig abschneiden. Kerne mit einem Löffel herauskratzen. Tomaten kopfüber auf Küchenpapier austropfen lassen.

Basilikumblätter abzupfen, grob zerschneiden und mit 60 g Quark in einem Blitzhacker fein pürieren. Zum restlichen Quark hinzugeben, glatt verrühren und mit Salz, Pfeffer, Chilipulver und Orangenschale würzen.

Basilikumquark in einen Einwegspritzbeutel füllen und in die Tomaten befüllen. Mit Schwarzkümmel bestreut servieren.

17. Pesto-Baguette

Zutaten

- Für 2 Portionen
- 90 g Doppelrahmfrischkäse
- 1,5 El Basilikum-Pesto (a. d. Glas)
- 1 Aufback-Baguette
- 1 El Olivenöl

Zeit

25 Min.

Nährwert

Pro Portion 420 kcal

Kohlenhydrate: 36 g

Eiweiß: 12 g

Fett: 25 g

Zubereitung

90 g Doppelrahmfrischkäse mit 1 1/2 El Basilikum-Pesto vermengen.

1 Aufback-Baguette im Abstand von 3 cm mehrmals ca. 2 cm tief und schräg einschneiden. Baguette auf ein mit Backpapier belegtes Blech legen. Die Einschnitte mit der Frischkäse-Pesto-Mischung befüllen.

Baguette mit 1 El Olivenöl beträufeln und im heißen Backofen bei 200 Grad (Umluft 180 Grad) auf der mittleren Einschubleiste in 12-15 Min. fertig backen.

18. Mini-Frikadellen mit Senf-Dip

Zutaten

Für ca. 18 Stücke

- 1 Brötchen
- 1 Zwiebel
- 1 El Butterschmalz
- 550 g gemischtes Hack
- 1 Ei (Kl. M)
- 2 El gehackte Petersilie
- Salz
- Pfeffer
- 1 Gewürzgurke
- 120 g Salatmayonnaise
- 3 Tl scharfer Senf

Zeit

50 Min.

Nährwert

Pro Stück 118 kcal

Kohlenhydrate: 2 g

Eiweiß: 6 g

Fett: 9 g

Zubereitung

Brötchen vom Vortag in warmem Wasser kurz einweichen. 1 Zwiebel würfeln und in 1 El heißem Butterschmalz glasig andünsten. Brötchen kräftig ausdrücken und zerrupfen. Mit 550 g gemischtem Hack, 1 Ei (Kl. M), Zwiebeln, 2 El gehackter Petersilie, Salz und Pfeffer in eine Backschüssel geben und mit den Händen mehrfach verkneten.

Mit eingeölten Händen 18-20 kleine Frikadellen formen und auf einem geölten Blech gleichmäßig verteilen. Im heißen Backofen bei 225 Grad (Umluft 200 Grad) auf der mittleren Einschubleiste 18–20 Min. goldbraun garen.

1 Gewürzgurke (50 g) klein würfeln. 120 g Salatmayonnaise und 3 Tl scharfen Senf verrühren. Gurkenwürfel untermengen. Als Dip zu den Frikadellen servieren.

19. Gulaschsuppe mit Paprika und Kartoffeln

Zutaten

Für 6 Portionen

- 1 Bio Zitrone
- 1 Knoblauchzehe
- 1 Tl Kümmelsaat
- 25 g Butter (weich)
- Salz
- 200 g Strauchtomaten
- 500 g Rindfleisch am Stück (z. B. aus der Keule oder Schulter)
- 1 gelbe Paprikaschote (à 170 g)
- 1 rote Paprikaschote (à 170 g)
- 320 g Zwiebeln
- 200 g Kartoffeln
- 5 El Olivenöl
- Pfeffer
- 1 El Tomatenmark
- 1 El rosenscharfes Paprikapulver
- 280 ml Rotwein
- 220 ml Tomatensaft
- 400 ml Rinderfond
- 6 Stiele Oregano

Zeit

100 Min.

Nährwert

Pro Portion 180 kcal

Kohlenhydrate: 7 g

Eiweiß: 15 g

Fett: 9 g

Zubereitung

Von der Zitrone ca. ein Viertel der Schale mit einem Spar-Schäler abschälen, dann die weiße Innenhaut entfernen. Knoblauch fein hacken. Zitronenschale, Knoblauch, Kümmel, Butter und 1 Prise Salz zu einer Paste fein pürieren.

Tomaten putzen, über Kreuz einschneiden und in kochendem Wasser 20 Sekunden blanchieren. Tomaten abschrecken, häuten, vierteln und entkernen. Tomaten fein würfeln.

Fleisch in 1 cm große Würfel schneiden. Paprikaschoten vierteln, entkernen und in 1 cm große Würfel schneiden. Zwiebeln klein würfeln. Kartoffeln schälen, 150 g davon in 1 cm große Würfel zerschneiden und in kaltes Wasser einlegen.

3 El Öl in einem Topf erwärmen, Fleisch in 2 Portionen darin bei großer Hitze 1 Minute anbraten, mit Salz und Pfeffer würzen und zur Seite stellen. Restliches Öl in den Topf geben. Zwiebeln darin bei mittlerer Hitze 3-4 Minuten anbraten. Tomatenmark und Paprikapulver hinzugeben, ca. 30 Sekunden rösten. Mit Wein ablöschen, dann reduzieren. Fleisch hinzugeben.

Restliche Kartoffeln auf einer Haushaltsreibe in die Suppe hinein reiben. Paste zusammen mit Tomatensaft, Fond und 200 ml kaltem Wasser hinzugeben, im geschlossenen Topf bei mittlerer Hitze ca. 80 Minuten köcheln lassen, dabei gelegentlich die Trübstoffe von der Oberfläche schöpfen. Nach 1 Stunde Kartoffel- und Paprikawürfel dazugeben.

Zum Schluss Oregano Blättchen klein schneiden und mit den Tomatenwürfeln in die Suppe geben.

19. Bresaola-Röllchen

Zutaten

- Für 16 Portionen
- 45 g Pistazienkerne
- Saft von 1/2 Zitrone
- Salz
- Pfeffer
- 5 El Olivenöl
- 890 g Rauke
- 16 Bresaola-Scheiben (ital. luftgetrockneter Rinderschinken, ersatzweise Bündner Fleisch)
- 45 g Parmesan, (dünn gehobelt)

Zeit

20 Min.

Nährwert

Pro Portion 60 kcal

Kohlenhydrate: 1 g

Eiweiß: 2 g

Fett: 5 g

Zubereitung

Die Pistazienkerne in einer Pfanne fettfrei rösten. Abkühlen lassen und grob zerhacken. Zitronensaft, Salz, Pfeffer und Olivenöl vermengen. Rauke waschen und trocken schütteln.

Bresaola-Scheiben nebeneinander auf die Arbeitsfläche ausbreiten. Jeweils auf einer Seite mit Rauke und Parmesan belegen und mit je 1/2 Tl Pistazien bestreuen. Die Scheiben fest aufrollen und mit einem Spießchen fixieren.

Röllchen auf einer Platte anrichten. Mit der Vinaigrette beträufeln und mit restlichen kleingehackten Pistazien bestreuen.

20. Eiersalat-Sandwiches mit Avocado

Zutaten

- Für 24 Stücke
- 4 Bio-Eier
- 160 g Mayonnaise
- 60 g Schmand
- 1 El Zitronensaft
- 110 g Bio-Gurke
- 1 Avocado, (200 g)
- 1/4 Bund Schnittlauch
- 6 Stiele Koriandergrün
- Salz
- Pfeffer
- 12 Scheiben Toastbrot

Zeit

45 Min.

Nährwert

Pro Stück 112 kcal

Kohlenhydrate: 6 g

Eiweiß: 2 g

Fett: 8 g

Zubereitung

Eier 8 Minuten lang kochen, dann abschrecken und pellen. Mayonnaise mit Schmand und Zitronensaft verrühren. Gurke längs halbieren und mit einem Teelöffel die Kerne entfernen. Gurke längs in 1/2 cm dicke Streifen schneiden, dann klein würfeln. Avocado halbieren, Kern mit einem Löffel entfernen und das Fruchtfleisch aus der Schale hebeln. Fruchtfleisch in 1/2 cm große Würfel zerschneiden.

Schnittlauch in kleine Röllchen schneiden. Blätter von 4 Stielen Koriander zupfen und zerhacken. Eier klein würfeln, mit Avocado, Kräutern, Gurke unter die Mayonnaise mengen, dann salzen und pfeffern.

Toastbrot übereinanderlegen und die braunen Ränder dünn abschneiden. 6 Scheiben nebeneinander auf die Arbeitsfläche legen und mit Eiersalat gleichmäßig bestreichen. Mit den übrigen Toastscheiben belegen. Die Sandwiches diagonal in Dreiecke schneiden. Mit den restlichen Korianderblättern garnieren und servieren.

21. Pinienkern-Datteln

Zutaten

- 45 g Pinienkerne
- 1 El Frischkäse light
- 2 Tl Zitronensaft
- Salz
- 16 große Datteln
- 8 Scheiben Bacon
- glatte Petersilie

Zeit

40 Min.

Nährwert

70 kcal

Kohlenhydrate: 14 g

Eiweiß: 2 g

Fett: 7 g

Zubereitung

Pinienkerne fettfrei in der Pfanne rösten, abkühlen lassen und mit Frischkäse und 2 Tl Zitronensaft grob zerkleinern und mit etwas Salz würzen. Datteln längs aufschneiden, die Kerne entfernen, die Datteln mit der Creme befüllen. 8 Scheiben Bacon halbieren, die Datteln damit einwickeln, mit Holzspießchen fixieren.

Auf einem mit Backpapier ausgelegten Blech im vorgeheizten Backofen auf der 2. Einschubleiste von unten 13-15 Minuten bei 200 Grad knusprig backen Mit gehackter glatter Petersilie bestreut servieren.

22. Linsen-Kokos-Suppe

Zutaten

- Für 2 Portionen
- 1 Zwiebel
- 20 g frischer Ingwer
- 110 g rote Linsen
- 2 El Olivenöl
- 1 Dose Kokosmilch, (400 g Füllmenge)
- 1 Dose stückige Tomaten, (425 g Füllmenge)
- Salz, Pfeffer
- 1/2 Tl gekörnte Gemüsebrühe
- Chilflocken
- 4 Stiele Minze
- 160 g Sahnejoghurt
- 2 Tl Zitronensaft

Zeit

20 Min.

Nährwert

Pro Portion 685 kcal

Kohlenhydrate: 33 g

Eiweiß: 18 g

Fett: 52 g

Zubereitung

150 ml Wasser im Wasserkocher aufkochen. 1 Zwiebel klein würfeln, 20 g frischen Ingwer in 3-4 Scheiben schneiden, beides mit 110 g roten Linsen in 2 El heißem Olivenöl andünsten. 1 Dose Kokosmilch (400 g Füllmenge), 1 Dose stückige Tomaten (425 g Füllmenge) und 150 ml kochendes Wasser hinzugeben. Mit Salz, Pfeffer, 1/2 Tl gekörnter Gemüsebrühe und Chiliflocken kräftig würzen. Aufkochen und zugedeckt bei mittlerer Hitze 10 Min. garen.

Die Blätter von 4 Stielen Minze abzupfen, zerhacken, mit 160 g Sahnejoghurt, etwas Salz und Pfeffer vermengen. Ingwerstücke aus der Suppe entfernen, Suppe mit Salz, Pfeffer und 1 Tl Zitronensaft abschmecken. Mit dem Joghurt und Minzblättern garnieren und servieren.

23. Käse-Igel

Zutaten

- Für 4 Portionen
- 520 g halbfesten Schnittkäse
- 12 Radieschen
- 80 g blaue Weintrauben
- 80 g grüne Weintrauben
- 12 Kirschtomaten
- 8 Kapstachelbeeren
- 1/2 Melone

Zeit

30 Min.

Nährwert

Pro Portion 490 kcal

Kohlenhydrate: 7 g

Eiweiß: 33 g

Fett: 37 g

Zubereitung

Halbfesten Schnittkäse in 1-2 cm große Würfel schneiden. Radieschen putzen. Blaue und grüne Weintrauben mehrmals waschen. Kirschtomaten waschen, grünen Stielansatz entfernen, von den Kapstachelbeeren die Hülsen öffnen.

Melone mit der Schnittfläche nach unten auf einen Teller geben.

Käse mit verschiedenen Zutaten kombinieren und auf Holzspieße stecken, dann auf die Melone stecken.

24. Rindfleisch-Kichererbsen-Buletten mit Sesam-Dip

Zutaten

- Für 8 Portionen
- 1 Dose Kichererbsen (240 g)
- 210 g griechischer Joghurt
- 2 El Zitronensaft
- 2 Tl Sesamöl
- 35 g Sesampaste (Reformhaus)
- Salz, Pfeffer
- 35 g altbackenes Brot
- 6 Stiele Minze
- 5 Stiele glatte Petersilie
- 70 g Schalotten
- 6 El Olivenöl
- 360 g Rinderhackfleisch
- 1 Ei (Kl. M)
- 1 Eigelb (Kl. M)
- 1 El Butter

Zeit

50 Min.

Nährwert

Pro Portion 290 kcal

Kohlenhydrate: 10 g

Eiweiß: 14 g

Fett: 21 g

Zubereitung

Kichererbsen im Sieb mehrmals kalt abspülen und gut abtropfen lassen. 120 g Kichererbsen in ein hohes Gefäß geben, Joghurt, Zitronensaft, Sesamöl und Sesampaste hinzugeben und alles mit dem Mixer fein pürieren. Mit Salz und Pfeffer kräftig würzen, in einer Schale abgedeckt im Kühlschrank kaltstellen. Dip mindestens 10 Minuten vor dem Servieren wieder aus dem Kühlschrank holen.

Restliche Kichererbsen grob zerhacken. Brot einige Minuten in lauwarmem Wasser einweichen. Minz- und Petersilienblätter von den Stielen zupfen und klein hacken. Schalotten klein würfeln und in 1 El Öl in einer Pfanne ca. 2 Minuten andünsten. Petersilie und Minze untermengen, zur Seite stellen und abkühlen lassen.

Brot gut ausdrücken und in einer Backschüssel mit Schalotten-Mischung, Kichererbsen, Hack, Ei und Eigelb sorgfältig vermengen, mit Salz und Pfeffer kräftig würzen. Aus der Masse ca. 16 kleine Buletten formen.

Restliches Öl in einer großen beschichteten Pfanne erhitzen, Buletten darin bei nicht zu starker Hitze ca. 7-8 Minuten rundum braten, dabei mehmals wenden. Kurz vor Ende der Garzeit die Butter zugeben, schmelzen lassen und die Buletten damit beträufeln.

Buletten auf Küchenpapier gut abtropfen lassen und mit dem Sesam-Dip anrichten.

25. Teigtaschen mit Romanesco

Zutaten

- Für 18 Einheiten
- 1 Romanesco, ca. 1,1–1,2 kg (oder Brokkoli / Blumenkohl)
- Salz
- 2 El Olivenöl
- 35 g italienischer Hartkäse, (z. B. Grana Padano oder Parmesan; fein gerieben)
- 70 g getrocknete Tomaten (in Öl)
- fein abgeriebene Schale von 1 Bio-Zitrone
- Pfeffer
- 70 g Butter
- 6 Filoteigblätter, (à 40x30 cm)
- 1 Ei (Kl. M)
- 2 El Milch
- 2 Tl Schwarzkümmelsaat

Zeit

55 Min.

Nährwert

Pro Einheit 96 kcal

Kohlenhydrate: 6 g

Eiweiß: 3 g

Fett: 6 g

Zubereitung

Romanesco putzen, Blätter und Strunk gut entfernen. Romanesco in kleine Röschen teilen und in kochendem Salzwasser in 5 Minuten weich garen. Romanesco in ein Sieb abgießen und gut abtropfen lassen. Dann in ein hohes Gefäß geben und mit Öl und Käse pürieren. Tomaten abtropfen lassen, klein würfeln und in einer Backschüssel mit dem Romanesco-Püree und Zitronenschale verrühren, mit Salz und Pfeffer würzen.
Butter in einem Topf schmelzen. 3 Filoteigblätter mit etwas Butter einpinseln und deckungsgleich übereinander legen. Dann in 9 gleich große Vierecke teilen. Das Ei trennen, Eiweiß mit einem Schneebesen leicht aufschlagen. Jedes Teigviereck rundum mit etwas Eiweiß einpinseln. Die Hälfte der Romanesco-Masse mittig auf den Teigblättern gleichmäßig verteilen, zu Dreiecken zusammenfalten und die Ränder fest andrücken. Eigelb mit Milch vermengen und die Teigtaschen damit gleichmäßig bestreichen, zum Schluss mit etwas Schwarzkümmelsaat bestreuen. Mit den übrigen Filoteigblättern und der restlichen Füllung ebenso verfahren.
Teigtaschen auf ein mit Backpapier belegtes Backblech geben und im vorgeheizten Backofen bei 225 Grad (Gas 4) auf der 2. Einschubleiste von unten in 6 Minuten goldbraun backen.
Filoteigtaschen herausnehmen und sofort servieren.

26. Zitronen-Schnitzel mit japanischem Omelette

Zutaten

- Für 8 Portionen
- 8 Schweinemedaillons, (à 45 g, Filet)
- 3 Bio-Zitronen
- 4 Eier (Kl. M)
- 2 Tl Mirin (japanischer Reiswein; a. d. Asia-Laden)
- 1 Tl Sojasauce
- 4 Tl Sonnenblumenöl
- 1 Beet Shiso-Kresse
- 2 El Olivenöl
- Salz, Pfeffer
- 25 g Butter

Zeit

45 Min.

plus Marinierzeit 25 Minuten

Nährwert

Pro Portion 142 kcal
Kohlenhydrate: 1 g
Eiweiß: 12 g
Fett: 9 g

Zubereitung

Schweinemedaillons nur ganz etwas plattieren. Saft von 1 Zitrone auspressen und das Fleisch darin 25 Minuten marinieren. Restliche Zitronen heiß abspülen und in 16 dünne Scheibchen schneiden.

Eier in einer Backschüssel mit Mirin und Sojasauce kurz verrühren (nicht schaumig schlagen!). 1 Tl Sonnenblumenöl in einer beschichteten Pfanne (ca. 20 cm Ø) erhitzen. Wenig Eimasse in die Pfanne gießen, sodass der Boden gerade eben bedeckt ist. Eimasse bei geringer Hitze stocken lassen. Omelette in der Pfanne vorsichtig aufrollen und zum Pfannenrand schieben. 1 Tl Öl in die Pfanne geben, erneut etwas Eimasse in die Pfanne gießen (das gerollte Omelette bleibt darin liegen) und ebenso langsam stocken lassen. Sobald dieses 2. Omelett gestockt ist, mit der bereits geformten Omelette-Rolle zusammen aufrollen. Mit dem restlichen Öl und der Eimasse ebenso verfahren, sodass zum Schluss ein dickes gerolltes Schicht-Omelette entsteht. Omelette im Backofen bei 50 Grad warm halten (Gas 1).

Kresse vom Beet schneiden. Olivenöl in einer beschichteten Pfanne stark erhitzen. Schnitzel darin bei starker Hitze auf jeder Seite 2 Minuten anbraten, mit Salz und Pfeffer würzen. Zitronenscheiben und Butter in die Pfanne dazugeben und mit dem Fleisch eine weitere Minute braten. Fleisch aus der Pfanne nehmen und auf einen großen Teller legen. Zitronenscheiben weiterbraten, bis sie leicht gebräunt sind. Omelette aus dem Backofen nehmen und in 8 gleich große Scheiben schneiden. Schnitzel mit Zitronenscheiben belegen, und das Omelette mit der Shiso-Kresse anrichten.

27. Toast-Röllchen mit Lachs und Calamari

Zutaten

Für 8 Portionen

- 200 g Lachsfilets, (bereits küchenfertig)
- 5 Stiele Dill
- 2 Bio-Zitronen
- 4 El Olivenöl
- Salz, Pfeffer
- 12 kleine Calamari-Tuben, (ca. 520 g)
- 8 Scheiben American-Sandwich-Toastbrot
- 1 reife Avocado, (ca. 220 g)
- Saft von 1 Bio-Limette
- 110 g Kirschtomaten
- 25 g gemahlene Mandeln
- 2 Stiele krause Petersilie

Zeit

85 Min.
plus Garzeit 10 Minuten, plus Marinierzeit 1 Stunde

Nährwert

Pro Portion 274 kcal

Kohlenhydrate: 18 g

Eiweiß: 18 g

Fett: 13 g

Zubereitung

Lachs in kleine Würfel zerschneiden. Dilläste von den Stielen zupfen und klein schneiden. Lachs mit Dill, dem Saft von 1 Zitrone, 2 El Öl, Salz und Pfeffer gut vermengen und abgedeckt 1 Stunde in den Kühlschrank stellen.

Calamari-Tuben gut putzen: Kopf vom Körper trennen. Die Haut von den Calamari unter fließendem Wasser abziehen und die Chitinstücke herausnehmen. Calamari innen sorgfältig putzen, waschen und gut abtropfen lassen. Danach in 5 mm dünne Ringe schneiden. Abgedeckt in den Kühlschrank stellen.

Von den Toastscheiben die Rinde dünn abschneiden, dann einzeln mit einem Rollholz platt ausrollen. Jede Scheibe wie eine Cannelloni aufrollen und locker mit Küchengarn zusammen binden. Toaströllchen auf ein mit Backpapier ausgelegtes Backblech setzen und im vorgeheizten Backofen bei 220 Grad (Gas 3-4) auf der 2. Einschubleiste von unten 9-10 Minuten goldbraun backen. Röllchen herausnehmen und das Küchengarn entfernen.

Avocado längs halbieren und den Kern mit einem Löffel entfnehmen. Fruchtfleisch aus der Schale lösen, mit Limettensaft in ein hohes Gefäß geben und im Mixer fein pürieren, mit Salz und Pfeffer kräftig würzen. Tomaten waschen, vierteln und entkernen. Tomaten sehr klein würfeln und mit den Mandeln unter die Avocadocreme rühren. Diese Creme in einen Einwegspritzbeutel einfüllen.

Restliche Zitrone auspressen. Petersilienblätter klein schneiden. Toaströllchen quer halbieren, mit etwas Avocadocreme und Lachs befüllen. Restliches Öl in einer beschichteten Pfanne erhitzen, Calamari darin bei mittlerer bis starker Hitze nur 30 Sekunden anbraten, Zitronensaft hinzugeben, mit Salz und Pfeffer abschmecken. Mit den Toaströllchen anrichten und mit Petersilie bestreuen und sofort servieren. Restliche Avocadocreme und restlichen Lachs in Schüsseln dazu reichen.

28. Limetten-Lachs, Garnelen und schwarzer Reis

Zutaten

Für 8 Portionen

- 2 Bio-Limetten
- 8 El Olivenöl
- 1 kg Lachsfilets (aus dem Mittelstück, ohne Haut und Gräten)
- 400 g Schwarzer Reis (z. B. Venere-Reis aus dem Piemont)
- Salz
- 16 Garnelen, (à 35–40 g, mit Kopf und Schale)
- 45 g Butter
- Pfeffer
- 4 Stiele Dill

Zeit

35 Min.

plus Garzeit 1 Stunde plus Kühlzeit 1 Stunde

Nährwert

Pro Portion 567 kcal
Kohlenhydrate: 40 g
Eiweiß: 35 g
Fett: 29 g

Zubereitung

Saft von 1 Limette (4 El) mit 4 El Öl vermischen. Lachs mit Limettenöl gleichmäßig bestreichen und 1 Stunde in den Kühlschrank stellen. Restliche Limette heiß abspülen und in dünne Scheibchen schneiden.

Inzwischen Reis in einem Sieb kalt abspülen und abtropfen lassen. Reis in 1 l kochendes Wasser geben und zugedeckt bei mittlerer Hitze ca. 35 Minuten garen (die Flüssigkeit muss komplett verdampft sein), erst zum Schluss mit Salz abschmecken. Garnelen kalt abspülen, abtupfen, mit einer Schere oder einem Brotmesser am Rücken entlang längs aufschneiden und den Darm (schwarzer Faden) entfernen. Garnelen in den Kühlschrank stellen.

Lachs auf ein mit Backpapier ausgelegtes Backblech legen. Limettenscheiben darauf gleichmäßig verteilen und mit Salz würzen. Lachs im vorgeheizten Backofen bei 190 Grad (Gas 2-3) auf der 2. Einschubleiste von unten 16-18 Minuten garen.

Restliches Öl in einer beschichteten Pfanne erwärmen, Garnelen darin bei mittlerer Hitze auf jeder Seite 2 Minuten anbraten, 35 g Butter zugeben und mit Salz und Pfeffer würzen. Restliche Butter in einem Topf schmelzen lassen, Reis zugeben und bei geringer Hitze erwärmen. Dilläste von den Stielen zupfen, grob zerschneiden.

Lachs vorsichtig auf eine Platte heben, mit Dill bestreuen und mit Garnelen und Reis anrichten.

29. Nudel-Kürbis-Auflauf

Zutaten

- Für 8 Portionen
- 320 g weiße Zwiebeln
- 2 Knoblauchzehen
- 110 g Bundmöhren
- 210 g Staudensellerie
- 1 rote Chilischote
- 2 Dosen geschälte Tomaten, (à 400 g)
- 320 g Hokkaido-Kürbis
- 5 El Olivenöl
- 2 El Fenchelsaat
- 1 El Tomatenmark
- 220 ml Rotwein
- Salz, Pfeffer
- Zucker
- 1 Lorbeerblatt
- 250 g kurze Nudeln, (z. B. Penne)
- 90 g Hartkäse, (z. B. Parmesan oder Allgäuer Bergkäse; fein gerieben)
- 1 Mozzarella (125 g)
- 1 Tl Butter

Zeit

35 Min.

plus Gar- und Backzeiten ca. 1:30 Stunden

Nährwert

Pro Portion 300 kcal

Kohlenhydrate: 29 g

Eiweiß: 11 g

Fett: 14 g

Zubereitung

Zwiebeln und Knoblauch klein würfeln. Möhren putzen, schälen und klein würfeln. Staudensellerie waschen, entfädeln und klein würfeln. Chili putzen, entkernen und klein würfeln. Tomaten in der Dose mit einem Kartoffelstampfer klein drücken. Kürbis putzen, das faserige Innere und die Kerne mit einem kurzen Messer herausschaben. Kürbis in 3 cm dicke Würfel schneiden.

Öl in einem breiten Topf erhitzen, Fenchelsaat, Zwiebeln und Knoblauch darin bei mittlerer Hitze 6 Minuten andünsten. Möhren, Sellerie und Chili hinzugeben und weitere 6 Minuten anbraten. Tomatenmark dazugeben und 30 Sekunden mitrösten. Mit Rotwein ablöschen und reduzieren. Mit Tomaten und 200 ml kaltem Wasser auffüllen und offen bei mittlerer Hitze 25-30 Minuten kochen. Mit Salz, Pfeffer und 1 Prise Zucker gut würzen. Kürbis und Lorbeer hinzugeben und zugedeckt 15-17 Minuten garen lassen. Am Ende der Garzeit das Lorbeerblatt entfernen.

Nudeln in reichlich kochendem Salzwasser bissfest kochen, in ein Sieb gießen und gut abtropfen lassen, dabei 100 ml Nudelwasser auffangen. Nudeln, Nudelwasser und 455 g geriebenen Käse mit dem Sugo vermengen.

Mozzarella in kleine gleichförmige Würfel schneiden. Eine Auflaufform (35 x 25 cm) mit Butter einfetten. Nudeln mit dem Sugo in der Form verteilen und mit dem restlichen geriebenen Käse und Mozzarella bestreuen. Auflauf im vorgeheizten Backofen bei 200 Grad (Gas 3) 22-25 Minuten garen, bis die Oberfläche schön goldbraun ist. Den Auflauf herausnehmen, 2 Minuten ruhen lassen und servieren.

30. Oliven-Kräuter-Focaccia

Zutaten

Für 4 Portionen

- 250 g Mehl
- 3 Tl getrocknete italienische Kräuter
- Salz
- 1/2 Würfel Hefe (ca. 20 g)
- 1/2 Tl Zucker
- 3 El Olivenöl
- 1 Glas grüne Oliven ohne Stein (140 g EW)
- 3-4 El weiche Knoblauchbutter

Zeit

55 Min.

Nährwert

Pro Portion 374 kcal

Kohlenhydrate: 46 g

Eiweiß: 7 g

Fett: 17 g

Zubereitung

Mehl, Kräuter und 1/2 Tl Salz in einer Backschüssel gut vermengen. Hefe und Zucker mit 150 ml lauwarmem Wasser vermischen, bis sich beides auflöst. Die Hefemischung mit dem Handrührgerät unter das Mehl verarbeiten. Öl hinzugeben und alles zu einem glatten Teig kneten.

Teig auf einer leicht bemehlten Arbeitsfläche mit den Händen kräftig durchkneten, zu einer Kugel formen und in einer Backschüssel mit Folie abgedeckt 30 Min. im warmen Backofen gehen lassen.

Inzwischen die Oliven längs und quer halbieren. Auf der Arbeitsfläche unter den Teig mengen. Teig in 4 Portionen teilen und zu handgroßen Fladen formen. Auf ein mit Backpapier belegtes Blech legen und 10 Min. wie oben beschrieben gehen lassen.

Teigfladen mit dem Finger mehrfach eindrücken, sodass eine unregelmäßige Oberflächenstruktur entsteht. Im heißen Backofen bei 200 Grad (Umluft 180 Grad) auf der untersten Einschubleiste 20 Min. backen. Dann mit Knoblauchbutter gleichmäßig bestreichen und in 8-10 Min. goldbraun fertig backen. Auf einem Kuchengitter auskühlen lassen, dann servieren

31. Schnittlauch-Gurkensalat

Zutaten

- Für 2 Portionen
- 1 Salatgurke
- 1 Bund Schnittlauch
- 160 g Dickmilch
- 3 El Zitronensaft
- Salz
- Pfeffer
- 1/2 Tl Zucker

Zeit

18 Min.

Nährwert

Pro Portion 78 kcal

Kohlenhydrate: 7 g

Eiweiß: 3 g

Fett: 3 g

Zubereitung

1 Salatgurke (320 g) streifig schälen und in dünne Scheiben hobeln. 1 Bund Schnittlauch in kleine Röllchen schneiden.

160 g Dickmilch mit 2-3 El Zitronensaft glatt verrühren. Mit Salz, Pfeffer und 1/2 Tl Zucker würzen. Gurkenscheiben und Schnittlauch unter die Sauce mischen und servieren.

32. Gefüllte Tacos

Zutaten

- Für 6 Portionen
- 1/4 Eisbergsalat
- 2 Tomaten
- 1 Avocado, reif
- 1 El Limettensaft
- 110 g Chili-Gouda
- 420 g Hähnchenbrustfilets
- 1 Zwiebel
- 1 Knoblauchzehe
- 1 El Öl
- Salz
- Pfeffer
- 1 Dose Pizzatomaten, (420 g)
- 1/2 Tl Kreuzkümmelsaat
- 1 Tl getrokneter Majoran
- 6 Taco Shells

Zeit

45 Min.

Nährwert

Pro Portion 297 kcal

Kohlenhydrate: 16 g

Eiweiß: 22 g

Fett: 15 g

Zubereitung

1/4 Eisbergsalat in dünne Streifen schneiden. 2 Tomaten würfeln, Stielansatz entfernen. 1 reife Avocado halbieren, schälen und entsteinen. Fruchtfleisch 1,5 cm groß würfeln und sofort mit 1 El Limettensaft begießen. 110 g Chili-Gouda raspeln.

420 g Hähnchenbrustfilet 1,5 cm groß würfeln. 1 Zwiebel und 1 Knoblauchzehe klein würfeln. 1 El Öl in einer beschichteten Pfanne erwärmen, Fleisch darin bei mittlerer Hitze rundum braun anbraten. Zwiebel und Knoblauch kurz mitbraten lasen und mit Salz und Pfeffer würzen.

1 Dose Pizzatomaten (420 g) untermengen. 1/2 Tl Kreuzkümmelsaat, 1 Tl getrockneten Majoran untermischen und bei mittlerer Hitze reduzieren.

6 Taco Shells nach Packungsanweisung erwärmen. Mit Hähnchenfleisch, Käse, Salat, Tomaten und Avocado füllen.

33. Kräuterquark

Zutaten

- Für 2 Portionen
- 240 g Magerquark
- 60 ml Schlagsahne
- Salz, Pfeffer
- 1/2 Bund Schnittlauch
- 1/2 Bund Dill
- 1/2 Bund Petersilie
- Für den Kräuterquark mit Speck und Zwiebeln
- 1 kleine Zwiebel
- 110 g Bacon
- Für den Kräuterquark mit Räucherfleisch
- 110 g geräuchertes Forellenfilet

Zeit

15 Min.

Zubereitung

240 g Magerquark in einer Backschüssel mit 60 ml Schlagsahne und etwas Salz und Pfeffer vermengen. 1⁄2 Bund Schnittlauch in kleine Röllchen schneiden. Blättchen von 1⁄2 Bund Dill und 1⁄2 Bund Petersilie von den Stielen zupfen, fein zerhacken. Unter den Quark mischen.

Für den Kräuterquark mit Speck und Zwiebeln: 1 kleine Zwiebel in sehr dünne Streifen schneiden. 110 g Bacon in einer Pfanne fettfrei knusprig braten, aus der Pfanne nehmen und zur Seite stellen. In derselben Pfanne die Zwiebeln goldbraun braten. Bacon zerbröseln und zusammen mit den Zwiebeln unter den Quark mengen.

Für den Kräuterquark mit Räucherfisch: 110 g geräuchertes Forellenfilet grob zerzupfen und mit dem Quark vermischen

34. Hähnchenspieße

Zutaten

- Für 2 Portionen
- 1 Tl Koriandersaat
- 1 Stange Zitronengras
- 420 ml ungesüßte Kokosmilch
- 1,5 Tl rosenscharfes Paprikapulver
- 1 Tl Zucker
- Salz
- 2 Tl mittelscharfes Currypulver
- 2 Hähnchenbrustfilets, (à 170 g)
- 110 g gröstete, gesalzene Erdnüsse
- 2 El Erdnussbutter
- 3 Tl Limettensaft
- 2 El Sojasauce
- 2 El Öl
- 1/2 Bund Koriander
- Sambal Olek

Zeit

45 Min.

+ Marinierzeit

Nährwert

Pro Portion 893 kcal

Kohlenhydrate: 9 g

Eiweiß: 63 g

Fett: 65 g

Zubereitung

Koriandersaat in einem Mörser grob zerstoßen und in einer Pfanne fettfrei kurz anrösten. Vom Zitronengras das äußere Blatt entfernen und das obere Drittel gut abschneiden. Das zarte Innere fein hacken. 210 ml Kokosmilch mit der Hälfte der Koriandersaat, Zitronengras, 1 Tl Paprikapulver, 1 Tl Zucker, 1 Tl Salz und 1 Tl Currypulver vermengen. Hähnchenbrust in ca. 2,5-3 cm große Stücke schneiden, mit der Kokosmarinade vermischen und 45 Min. marinieren.

Erdnüsse zerhacken. 210 ml Kokosmilch in einem Topf erhitzen. Erdnüsse, Erdnussbutter, restliche Koriandersaat, 1/2 Tl Paprikapulver und 1 Tl Currypulver unterrühren und ca. 2-3 Min. kochen. Erdnussoße mit Limettensaft und Sojasoße würzen.

4 Holzspieße einige Minuten in Wasser einweichen. Fleisch auf die Spieße stecken. Öl in einer Pfanne erhitzen und die Spieße rundherum bei mittlerer bis starker Hitze 12-15 Min. anbraten.

Hähnchenspieße mit abgezupften Korianderblättchen, Erdnussoße und nach Belieben auch mit etwas Sambal Olek servieren.

35. Frikadellen mit Schafskäse

Zutaten

Für 6 Portionen

Frikadelle:

- 70 g altbackenes Weißbrot
- 1/2 Bund Petersilie
- 250 g Kalbshackfleisch
- 250 g Rinderhackfleisch
- 1 Ei (Kl. M)
- 1/2 Tl Paprikapulver (edelsüß)
- 1 Tl Bio- Zitronenschale (fein abgerieben)
- Salz
- Pfeffer
- 60 g Schafskäse
- 3 El Öl
- 3 Zweige Rosmarin

Tomatensalat

- 600 g Tomaten
- 4 Frühlingszwiebeln
- 4 Stiele Basilikum
- 5-6 El Olivenöl
- Salz
- Pfeffer

Zeit

55 Min.

Nährwert

Pro Portion 374 kcal

Kohlenhydrate: 9 g

Eiweiß: 21 g

Fett: 28 g

Zubereitung

Brot in 200 ml Wasser einige Minuten einweichen, einmal wenden. Petersilie abzupfen, fein zerhacken.

Brot mit den Händen vorsichtig ausdrücken. Hackfleisch mit Brot, Petersilie, Ei, Paprikapulver, und Zitronenschale gut vermengen, mit Salz und Pfeffer herzhaft würzen. Schafskäse in 6 Stücke à 10 g schneiden. Hackmasse in 6 gleich große Portionen teilen. Jede Portion mit feuchten Händen flach andrücken, Schafskäsestück hinein-, Hack darüberlegen, zu Frikadellen formen. Abgedeckt 15 Minuten in den Kühlschrank stellen.

Für den Salat Tomaten waschen, halbieren, den grünen Stielansatz entfernen, Tomaten dann grob zerschneiden. Frühlingszwiebeln putzen, das Weiße und Hellgrüne klein schneiden. Basilikumblätter abzupfen. Tomaten mit Frühlingszwiebeln, Olivenöl, Pfeffer, Salz, Basilikum vermengen, und auf einer Platte anrichten.

Öl in einer ofenfesten Pfanne erwärmen. Frikadellen goldbraun anbraten. Rosmarin dazugeben, dann im vorgeheizten Backofen bei 200 Grad auf der untersten Einschubleiste 10 Minuten fertig garen (Gas 3, Umluft 180 Grad).

Frikadellen aus dem Backofen nehmen, auf den Tomatensalat geben und servieren.

36. Weißer Schokokuchen mit Erdbeeren

Zutaten

Für 24 Portionen

Kuchen:

- 160 g weiße Kuvertüre
  - 160 g Butter
  - 3 Eier (Kl. M)
  - 210 g Zucker
  - Salz
  - 250 g Mehl
- 1/2 Tl Backpulver

Erdbeere

- 550 g Erdbeeren
  - 1 Bio-Limette
  - 2 El Zucker
  - Außerdem:
  - Backpapier

Zeit

35 Min.

plus Backzeit 30 Minuten

Nährwert

Pro Portion 176 kcal

Kohlenhydrate: 22 g

Eiweiß: 2 g

Fett: 8 g

Zubereitung

Für den Kuchen die Kuvertüre grob zerhacken und mit der Butter in eine Backschüssel geben. Über einem heißen Wasserbad schmelzen lassen. Eier, Zucker und 1 Prise Salz mit dem Handrührgerät mindestens 8 Minuten cremig weiß schlagen. Butter und Kuvertüre untermengen. Mehl und Backpulver vermengen und unter die Ei- Butter-Masse mischen.

Ein kleines Blech (19 x 28 cm, Höhe 7 cm) mit Backpapier belegen, den Teig einfüllen, glattstreichen. Im vorgeheizten Backofen bei 180 Grad (Gas 2-3, Umluft 160 Grad) auf der 2. Einschubleiste von unten 27-30 Minuten backen. In der Form auskühlen lassen.

Erdbeeren waschen, putzen und vierteln. 160 g in einen hohen Rührbecher geben. Von der Limette 1 Tl Schale fein abreiben. Limette halbieren und ca. 3 El Saft auspressen. Saft und Zucker zu den Erdbeeren hinzugeben und mit dem Schneidstab klein pürieren. Limettenschale untermengen und mit den restlichen Erdbeeren vermischen. Kuchen in Dreiecke zerschneiden und mit den marinierten Erdbeeren servieren. Noch warm, schmeckt der Kuchen besonders gut

37. Beeren-Panna-Cotta-Terrine

Zutaten

Für 6 Portionen

Beerengelee

- 4 Blätter weiße Gelatine
- 210 g Johannisbeeren
- 210 g Brombeeren
- 160 g Himbeeren
- 110 g Erdbeeren
- 1 Orange
- 1/2 Chilischote
- 60 g Zucker
- 160 ml Weißwein
- 4 Stiele Verbene zum Dekorieren

Panna cotta

- 6 Blätter weiße Gelatine
- 1 Vanilleschote
- 450 ml Schlagsahne
- 50 g Zucker
- Außerdem: Klarsichtfolie

Zeit

55 Min.

plus 4 Stunden Kühlzeit

Nährwert

Pro Portion 361 kcal

Kohlenhydrate: 30 g

Eiweiß: 5 g

Fett: 23 g

Zubereitung

Für das Beerengelee die Gelatine in kaltes Wasser einige Minuten einweichen. Johannisbeeren waschen, vorsichtig trocken tupfen und mit Hilfe einer Gabel von den Rispen abstreifen. Brombeeren, Himbeeren und Erdbeeren putzen. Orangensaft auspressen (ca. 160 ml). Chilischote entkernen.

Zucker in einem Topf karamellisieren lassen und den Weißwein und den Orangensaft dazugeben. Chili und die Hälfte der Johannisbeeren und Brombeeren hinzugeben und bei mittlerer Hitze 10 Minuten köcheln lassen. Dann durch ein feines Küchensieb in einen Topf gießen und mit einem Löffel die Beeren gut ausdrücken. Saft auf 250 ml einkochen lassen. Zur Seite stellen und im heißen Saft die ausgedrückte Gelatine auflösen. Ein paar Beeren für die Dekoration, abgedeckt zur Seite stellen. Die restlichen Beeren zum Saft dazugeben und alles vorsichtig in eine mit Klarsichtfolie ausgelegte kleine Kastenform (Länge: ca. 20 cm) füllen. Mindestens 4 Stunden in den Kühlschrank stellen, bis die Beeren geliert sind.

Für die Panna cotta die Gelatine in kaltem Wasser einige Minuten einweichen. Vanilleschote längs aufschneiden und das Mark herauskratzen, Mark und Schote mit Sahne und Zucker aufköcheln. Bei milder Hitze 5 Minuten weiter köcheln lassen.

Die Vanillesahne durch ein feines Sieb in eine Backschüssel abgießen und die ausgedrückte Gelatine darin auflösen. Creme in 25 Minuten lauwarm abkühlen lassen und dann in die Kastenform auf das Beerengelee verteilen. Mindestens 5 Stunden in den Kühlschrank stellen, bis die Panna cotta vollständig steif und geliert ist.

Terrine vorsichtig mit der Folie aus der Form heraus lösen und auf eine Platte stürzen. Folie entfernen und die Terrine mit einem scharfen Küchenmesser in sechs Stücke schneiden. Mit Verbene und den restlichen Beeren dekorieren.

38. Erdbeer-Tiramisu

Zutaten

Für 8 Portionen

- 160 ml kalter Espresso
- 2 El Amaretto
- 700 g möglichst kleine Erdbeeren
- 260 g Mascarpone
- 260 g Magerquark
- 80 g Puderzucker
- 210 ml Schlagsahne
- 1 Pk. Sahnefestiger
- 200 g Löffelbiskuits
- 1 Pk. Vanillezucker

Zeit

50 Min.

plus Kühlzeit

Nährwert

Pro Portion 410 kcal

Kohlenhydrate: 38 g

Eiweiß: 9 g

Fett: 22 g

Zubereitung

Espresso mit Amaretto vermengen. 250 g Erdbeeren putzen und halbieren.

Mascarpone, Quark und Puderzucker in einer Backschüssel mit einem Teigschaber zu einer glatten Creme verrmengen. Schlagsahne mit Sahnefestiger steif schlagen und vorsichtig unterheben.

Den Boden einer Auflaufform (ca. 26 x 16 cm) mit Löffelbiskuits auslegen. Mit der Hälfte des Espressos gleichmäßig beträufeln. Mit 1/3 Mascarpone-Creme bestreichen und mit den Erdbeerhälften gleichmäßig belegen. 1/3 Creme darauf verteilen, die übrigen Löffelbiskuits darauf legen und mit restlichem Espresso beträufeln. Übrige Creme ldarauf streichen. Abgedeckt mind. 1 Std. in den Kühlschrank stellen.

150 g Erdbeeren putzen und halbieren. Restliche Erdbeeren putzen, mit Vanillezucker in einem Gefäß klein pürieren, dann durch ein feines Sieb streichen.

Tiramisu in Stücke zerschneiden, mit Erdbeerpüree und Erdbeerhälften anrichten.

Fingerfood

39. Frischkäsewürfel

Zutaten

Für 20 Einheiten

- 1 Bund Petersilie
- 1 Bund Schnittlauch
- 1 Tl getrockneter Estragon
- 130 g Butter
- 110 g Cracker
- 3 Blätter weiße Gelatine
- 420 g Frischkäse
- 120 g Ziegenfrischkäse
- Salz, Pfeffer
- 60 ml Milch
- 10 kleine halbierte Kirschtomaten

Zeit

35 Min.

plus Kühlzeit

Nährwert

Pro Einheit 144 kcal

Kohlenhydrate: 4 g

Eiweiß: 3 g

Fett: 12 g

Zubereitung

Petersilienblätter von den Stielen zupfen und klein zerhacken. Schnittlauch in kleine Röllchen schneiden. Beides mit dem Estragon gut vermischen.

Butter zerlassen. Cracker in einem Gefrierbeutel am besten mit einem Stieltopf fein zerstoßen, dann mit Butter vermengen. Den Boden einer Backform (20 x 14 cm) passend mit Backpapier auslegen. Crackermischung darin verteilen und fest andrücken. 30 Min. in den Kühlschrank stellen.

Gelatine in kaltem Wasser einige Minuten einweichen. Frischkäse mit Ziegenfrischkäse und den Kräutern vermengen, mit Salz und Pfeffer würzen. Milch leicht erwärmen, Gelatine ausdrücken und in der warmen Milch vollständig auflösen. Zügig mit der Frischkäsemischung vermengen. Die Masse auf dem Crackerboden streichen. Mit Folie bedeckt mind. 4 Std. in den Kühlschrank stellen.

Frischkäsecracker in 3 x 3 cm große Würfel teilen. Mit kleinen, aufgespießten Kirschtomatenhälften servieren.

40. Gewürznüsse

Zutaten

Für 300 g

- 1 Eiweiß, (Kl. S)
- 300 g Nusskernmischung, (ungesalzen und ungeröstet)
- Salz
- 3 Tl Five-Spice-Pulver

Zeit

25 Min.

Nährwert

Pro g 202 kcal

Kohlenhydrate: 1 g

Eiweiß: 6 g

Fett: 18 g

Zubereitung

1 Eiweiß (mit einer Gabel verrühren. Backblech mit Backpapier belegen. Backofen auf 190 Grad Umluft (Ober-Unterhitze 200 Grad) gut vorheizen.

300 g Nusskernmischung erst kurz mit dem Eiweiß vermengen. Auf dem Backblech gleichmäßig verteilen, mit Salz und 2-3 Tl Five-Spice-Pulver bestreuen.

Im heißen Backofen auf der untersten Einschubleiste 10 Min. hellbraun anrösten. Aus dem Backofen nehmen, zur Seite stellen, abkühlen lassen und in Schalen gleichmäßig verteilen.

41. Auberginen-Snack

Zutaten

Für 10 Einheiten

- 2 Auberginen
- 10 El Olivenöl
- 2 Tomaten
- 1 Camembert, (220 g)
- 3 Stiele Minze
- Salz, Pfeffer

Zeit

25 Min.

Nährwert

Pro Einheit 149 kcal

Kohlenhydrate: 1 g

Eiweiß: 5 g

Fett: 13 g

Zubereitung

Auberginen putzen, längs in je 6 Scheiben schneiden. Äußere Scheiben fein zerhacken, in einer Pfanne in 2 El Öl 5 Min. bei mittlerer Hitze anbraten. Salzen, pfeffern, dann pürieren. Auberginenscheiben in 2 Portionen in einer Pfanne in je 3 El Öl 5-7 Min. hellbraun anbraten. Mit Salz und Pfeffer würzen.

Auberginen nebeneinanderlegen und dünn mit dem Mus einstreichen. Tomaten und Camembert in 10 Scheiben schneiden, auf den Auberginen verteilen, umklappen und mit Holzspießen gut fixieren. Mit 2 El Öl zurück in die Pfanne legen und bei mittlerer Hitze hellbraun anbraten, salzen. Mit Minzblättern servieren.

42. Ricotta-Börek

Zutaten

Für 8 Einheiten

- 6 Stiele Thymian
- 240 g Ricotta
- 6 Blätter (Yufka-Teig 40 x 18 cm) (a. d. Kühlregal)
- Olivenöl
- 70 g Tomaten-Pesto (a. d. Glas)

Zeit

35 Min.

Nährwert

Pro Einheit 182 kcal

Kohlenhydrate: 14 g

Eiweiß: 4 g

Fett: 12 g

Zubereitung

Die Blättchen von 6 Stielen Thymian abzupfen und mit 240 g Ricotta verrühren.

1 Blatt Yufka-Teig (Kühlregal) auf die Arbeitsfläche auflegen und dünn mit Olivenöl einstreichen. Noch 1 Blatt Yufka-Teig auflegen, mit Öl einpinseln. 1 weiteres Blatt Yufka-Teig auflegen. Teig in 4 Quadrate schneiden.

Teigquadrate mit der Hälfte des Thymian-Ricottas und Tomaten-Pesto bestreichen. Teig aufrollen, an den Enden andrücken. Teigröllchen auf ein mit Backpapier begelegtes Blech auflegen und dünn mit Olivenöl einstreichen. 3 weitere Blätter Yufka-Teig und übrige Ricotta-Mischung ebenso verarbeiten.

Ricotta-Röllchen im heißen Backofen bei 200 Grad auf der mittleren Einschubleiste 19 Min. backen, dann anrichten.

43. Chicorée-Schiffchen

Zutaten

Für 6 Portionen

- 1 reife Mango (320 g)
- 260 g Salatgurken
- 1 rote Zwiebel
- 1 rote Chilischote
- 1/2 Tl fein abgeriebener Bio-Limettenschale
- 1 El Limettensaft
- Salz
- 1 Tl Honig
- 2 Chicorée

Zeit

35 Min.

Nährwert

Pro Portion 36 kcal

Kohlenhydrate: 7 g

Eiweiß: 1 g

Zubereitung

1 reife Mango (320 g) schälen, das Fruchtfleisch vom Stein schneiden und in kleine Würfel schneiden. 260 g Salatgurke schälen, längs halbieren, mit einem Löffel entkernen und fein würfeln. 1 rote Zwiebel klein würfeln. 1 rote Chilischote einschneiden, entkernen und fein zerhacken. Alles mit 1/2 Tl abgeriebener Bio-Limettenschale, 1 El Limettensaft, etwas Salz und 1 Tl Honig gut vermengen.

1-2 Chicorée putzen, den Strunk abschneiden. Chicorée in die einzelnen Blätter teilen. Gewürzte Mango Mischung in die Blätter füllen.

44. Cevapcici mit Ajvar

Zutaten

Für 2 Portionen

- 1 Knoblauchzeh
- 1 Zwiebel
- 3 El Öl
- 2 El mildes Ajvar, (Paprikamus a. d. Glas)
- 1/4 Tl scharfes Paprikapulver
- 1 Tl edelsüßes Paprikapulver
- 260 g Rinderhack
- Salz
- Pfeffer

Zeit

30 Min.

Nährwert

Pro Portion 415 kcal

Kohlenhydrate: 3 g

Eiweiß: 26 g

Fett: 33 g

Zubereitung

1 Knoblauchzehe fein zerhacken, 1 Zwiebel klein würfeln, beides in 1 El heißem Olivenöl andünsten, 2 El mildes Ajvar, 1/4 Tl scharfes Paprikapulver und 1 Tl edelsüßes Paprikapulver hinzugeben und kurz mitanrösten. Mischung in eine Backschüssel füllen, zur Seite stellen und abkühlen lassen.

260 g Rinderhack, abgekühlte Zwiebelmischung, etwas Salz und Pfeffer sehr gut verkneten. Dann mit leicht geölten Händen zu 8 Rollen von ca. 8 cm Länge formen. Auf 8 Schaschlikspieße aufstecken. In 2 El heißem Olivenöl in einer beschichteten Pfanne von allen Seiten 8-10 Min. bei mittlerer bis starker Hitze braun anbraten und servieren.

45. Crostini mit Spinat-Pesto

Zutaten

Für 8 Portionen

- 8 Scheiben Baguette
- 110 ml Olivenöl
- 110 g junger Blattspinat
- 35 g Pecorino
- 1/2 Zwiebel, weiß
- 35 g Walnusskerne
- 50 g Rosinen
- Salz
- Pfeffer

Zeit

25 Min.

Nährwert

Pro Portion 127 kcal

Kohlenhydrate: 10 g

Eiweiß: 2 g

Fett: 8 g

Zubereitung

Baguettescheiben jeweils mit etwas Olivenöl einpinseln und im vorgeheizten Backofen bei 220 Grad (Gas 4, Umluft 200 Grad) auf der 2. Einschubleiste von unten 9-10 Minuten goldbraun backen.

Spinat in kaltem Wasser abspülen und trocken schütteln. Pecorino im Blitzhacker gut zerkleinern. Weiße Zwiebel grob würfeln. Mit den Walnüssen, Rosinen, Spinat und restlichem Olivenöl in den Blitzhacker geben und klein pürieren, salzen und pfeffern. Geröstete Baguettescheiben mit je 1 Tl Pesto gleichmäßig bestreichen und servieren.

46. Mexiko-Schnecken

Zutaten

Für 16 Stücke

- 1 Pk. Pizzateig (400 g, a. d. Kühlregal)
- 1 kleine Dose Mais (150 g)
- 320 g gemischtes Hack
- 2 El Tomatenmark
- 1 geh. Tl getr. Oregano
- Salz
- Pfeffer
- 130 g Chili-Gouda
- 1-2 Tl Chiliflocken

Zeit

30 Min.

plus Kühl- und Backzeit

Nährwert

Pro Stück 180 kcal

Kohlenhydrate: 12 g

Eiweiß: 7 g

Fett: 11 g

Zubereitung

Teig entrollen. Mais in einem Sieb gut abtropfen lassen. Hack, Tomatenmark, Oregano und je etwas Salz und Pfeffer vermengen. Hackmasse gleichmäßig auf dem Teig verteilen und fest andrücken, dabei an den Längsseiten einen 1,5 cm breiten Rand frei lassen.

Käse raspeln. Mais und Käse auf dem Hack ebenso gleichmäßig verteilen und leicht andrücken. Teig mit leichtem Druck von einer langen Seite her aufrollen. Rolle 30 Min. in den Kühlschrank stellen.

Teig mit einem scharfen Messer in ca. 3 cm dicke Scheiben zerschneiden und auf ein mit Backpapier belegtes Blech legen. Im heißen Backofen bei 220 Grad (Umluft 200 Grad) im unteren Drittel 22–25 Min. gold-braun fertig backen.

47. Tomaten-Feta-Spieß

Zutaten

Für 8 Portionen

- 3 Tomaten
- 210 g Feta
- 3 Tl abgeriebene Bio-Zitronenschale
- 3 El Zitronensaft
- 3,5 El Olivenöl
- Salz
- Pfeffer
- 11 Blätter Basilikum

Zeit

22 Min.

Nährwert

Pro Portion 98 kcal

Kohlenhydrate: 1 g

Eiweiß: 4 g

Fett: 8 g

Zubereitung

Tomaten kleinschneiden. Feta in Würfel schneiden. Tomaten und Käse abwechselnd auf Holzspieße aufstecken.

Zitronenschale, Zitronensaft, Olivenöl, Salz und grob gemahlenen Pfeffer vermischen, auf die Spieße aufträufeln. Basilikumblättchen grob zerrupfen und aufstreuen. Dazu Ciabatta.

48. Brotchips mit Oregano-Meersalz

Zutaten

Für 4 Portionen

- 1 Baguette
- 4 El Olivenö
- Meersalz
- 1,5 El getrockneter Oregano

Zeit

40 Min.

Nährwert

Pro Portion 421 kcal

Kohlenhydrate: 69 g

Eiweiß: 12 g

Fett: 9 g

Zubereitung

Backofen auf 180 Grad vorheizen. Baguette in dünne Scheiben zerschneiden. Brotscheiben auf ein mit Backpapier belegtes Blech legen, mit Olivenöl einpinseln. Im heißen Backofen auf der mittleren Einschubleiste 23 Min. rösten. Meersalz mit Oregano mischen, auf die heißen Brotscheiben aufstreuen.

49. Toast-Muffins

Zutaten

- Für 14 Portionen
- 1,5 El weiche Butter
- 14 Scheiben Sandwichtoast
- 14 Scheiben Bacon
- 14 Eier (M)
- Salz
- Pfeffer

Zeit

45 Min.

Nährwert

Pro Portion 226 kcal

Kohlenhydrate: 14 g

Eiweiß: 12 g

Fett: 13 g

Zubereitung

Toastscheiben mit einer Teigrolle flachdrücken, mit einem Glas Scheiben herausstechen und durchschneiden.

Mulden einer Muffinform mit Butter einstreichen. Je 2 Toasthälften in die Mulden eindrücken.

Bacon bei starker Hitze knusprig braten. Aus der Pfanne entnehmen und in die Toastmulden einlegen. Eier nacheinander aufschlagen, dann in je eine Toastmulde füllen, würzen.

Im heißen Backofen bei 200 Grad auf der mittleren Einschubleiste 22 Min. backen, bis die Eier vollständig gestockt sind.

50. Rinder-Saté mit Erdnuss-Kokos-Sauce

Zutaten

- Für 3 Portionen
- 110 g cremige Kokosmilch
- 2,5 El Sojasauce
- 2,5 El Erdnussmus
- 12 g frischer Ingwer
- 2,5 Tl fein abgeriebene Bio-Limettenschale
- 1,5 El Limettensaft
- Cayennepfeffer
- 1 doppelt dickes Hüftsteak
- 3,5 El Sojasauce

Zeit

40 Min.

Nährwert

Pro Portion 138 kcal

Kohlenhydrate: 1 g

Eiweiß: 12 g

Fett: 9 g

Zubereitung

8 Holzspieße 35 Min. in lauwarmes Wasser legen. Kokosmilch mit 2,5 El Sojasauce und 2,5 El Erdnussmus vermischen. Ingwer abschälen, dann hacken. Mit 2,5 Tl fein abgeriebener Bio-Limettenschale und 1,5 El Limettensaft vermischen. Mit Cayennepfeffer würzen.

Hüftsteak der Länge nach in acht Streifen zerschneiden, auf die Spieße aufstecken. 6 Min. grillen, mit Sojasauce gleichmäßig bepinseln, mit Erdnuss-Kokos-Sauce anrichten.

51. Paprika-Crostini

Zutaten

- Für 6 Portionen
- 310 g Baguette
- 3 El Olivenöl
- 2 gelbe Paprikaschoten
- 1 rote Paprikaschote
- 2 Zwiebeln
- 3 El Olivenöl
- 2 Tl Tomatenmark
- Salz
- Zucker
- Chilflocken
- 2 El Kapern
- Basilikumblättchen

Zeit

35 Min.

plus Kuhlzeit

Nährwert

Pro Portion 256 kcal

Kohlenhydrate: 36 g

Eiweiß: 7 g

Fett: 7 g

Zubereitung

Backofen auf 220 Grad vorheizen. Baguette schräg in 18 Scheiben zerschneiden. Auf ein Blech legen, dann mit Olivenöl einträufeln und im heißen Backofen auf der mittleren Einschubleiste 4 Min. anrösten. Abkühlen lassen.

Paprikaschoten und Zwiebeln kleinschneiden, andünsten. Tomatenmark hinzugeben und braten,

Kapern hacken, mit den Paprika vermischen, auf die Baguette-Scheiben geben, mit Basilikumblättchen bestreuen.

52. Russische Eier

Zutaten

- Für 4 Portionen
- 8 Eier (Kl. M)
- 1 Kopfsalat
- 5 Cornichons
- 3 Stiele Dill
- 3 Stiele Petersilie
- 1/2 Bund Schnittlauch
- 160 g Salatcreme (15%)
- 60 g Doppelrahmfrischkäse
- 2 Tl mittelscharfer Senf
- Salz
- Pfeffer

Zeit

30 Min.

Nährwert

Pro Portion 302 kcal

Kohlenhydrate: 6 g

Eiweiß: 18 g

Fett: 23 g

Zubereitung

Eier pieksen und in kochendem Wasser in 10 Min. hart kochen. Abschrecken und vollständig auskühlen lassen. Eier pellen und längs halbieren. Eigelb herausnehmen und durch ein Sieb in eine Backschüssel streichen.

Kopfsalat waschen und putzen, darauf achten dass die Blätter ganz bleiben. Trocken schütteln. Cornichons kl würfeln. Dill, Petersilie und Schnittlauch klein hacken. Salatcreme, Doppelrahmfrischkäse, Senf, etwas Salz, Pfeffer und die Kräuter zum Eigelb geben und cremig verrühren.

Die Creme in einen Einweg-Spritzbeutel mit großer Lochtülle einfüllen und die Masse in die Eihälften hinein spritzen. Auf einer Platte die Salatblätter anrichten und die Eier mittig darauf setzen.

53. Roastbeef-Röllchen mit Senf-Dressing

Zutaten

- Für 4 Portionen
- 12 Pimientos de Padrón*
- 4 El Olivenöl
- Fleur de sel
- 1 rote Zwiebel (35 g)
- 4 El Weißweinessig
- 3-4 El Olivenöl
- 2 El Walnussöl
- 3 Tl extrascharfer Senf
- 1 Msp. Kurkuma
- 1/2 Chilischote
- 5 Stiele glatte Petersilie
- 12 Scheiben Roastbeef-Aufschnitt
- Außerdem:
- Küchenpapier

Zeit

30 Min.

Nährwert

Pro Portion 325 kcal

Kohlenhydrate: 2 g

Eiweiß: 19 g

Fett: 26 g

Zubereitung

Pimientos waschen und trocken tupfen. Olivenöl in einer Pfanne erhitzen und die Pimientos darin bei mittlerer Hitze 7-8 Minuten anbraten. Mit Fleur de sel würzen, auf Küchenpapier legen und lauwarm abkühlen lassen.

Für das Senf-Dressing die rote Zwiebel sehr fein würfeln. Weißweinessig mit 3 El Wasser, Olivenöl, Walnussöl, Senf und Kurkuma gur vermengen. Mit Fleur de sel leicht würzen. Chili fein zerschneiden. Petersilienblätter abzupfen, klein hacken und beides zum Dressing geben.

Jeweils einen Pimiento in eine Scheibe Roastbeef locker einrollen und auf einem Teller anrichten. Roastbeef-Röllchen mit etwas Dressing beträufeln und mit restlichen Dressing dazu servieren.

54. Gefüllte Datteln

Zutaten

- Für 12 Portionen
- 160 g Ziegenfrischkäse
- 2 El griech. Sahnejoghurt
- 3 Tl Zitronensaft
- 80 g Pistazien
- 12 Datteln

Zeit

30 Min.

Nährwert

Pro Portion 155 kcal

Kohlenhydrate: 24 g

Eiweiß: 2 g

Fett: 4 g

Zubereitung

160 g Ziegenfrischkäse mit 2 El griech. Sahnejoghurt (10 %) und 3 Tl Zitronensaft glatt verrühren.

80 g geröstete, gesalzene Pistazienkerne aus den Schalen lösen und nur grob zerhacken. 12 Datteln (à ca. 30 g) längs einschneiden und entsteinen.

Datteln vorsichtig aufbiegen, mit je 2 Tl Ziegenfrischkäse füllen und die Öffnung wieder leicht andrücken. Mit Pistazien bestreuen und servieren.

55. Frischkäse-Ecken mit Salat

Zutaten

- Für 6 Portionen
- 9 Scheiben Vollkornbrot
- 160 g Kräuterfrischkäse
- 160 g gemischte Blattsalate
- 8 El Olivenöl
- 6 El Weißweinessig
- 1/2 Tl Senf
- Salz, Pfeffer
- Zucker

Zeit

25 Min.

+ Kühlzeit

Nährwert

Pro Portion 370 kcal

Kohlenhydrate: 30 g

Eiweiß: 8 g

Fett: 22 g

Zubereitung

9 Scheiben Vollkornbrot auf der Arbeitsfläche ausbreiten. 160 g Kräuterfrischkäse dick auf 6 der Scheiben streichen. Je 3 Scheiben übereinander stapeln, dabei mit der unbestrichenen Scheibe abschließen. Brotstapel mit Klarsichtfolie einwickeln und mind. 2 Std. in den Kühlschrank stellen.

160 g gemischte Blattsalate gründlich waschen und trocken schütteln. 8 El Olivenöl, 6 El Weißweinessig und 1/2 Tl Senf mit einem Schneebesen kräftig verrühren und mit Salz, Pfeffer und Zucker würzen.

Die Brotstapel diagonal durchschneiden und je 2 Ecken stapeln. Mit kleinen Zahnstochern fixieren. Mit Salat und Vinaigrette auf Tellern anrichten.

56. Gefüllte Eier

Zutaten

- Für 6 Einheiten
- 6 Eier (Kl. M)
- 110 g Avocadocreme
- Salz
- Chilflocken (zum Bestreuen)

Zeit

35 Min.

Nährwert

Pro Einheit 109 kcal

Kohlenhydrate: 1 g

Eiweiß: 7 g

Fett: 8 g

Zubereitung:

Eier anstechen und 10 Min. hart kochen. Eier abschrecken, pellen und halbieren. Eigelbe vorsichtig aus den Ei-Hälften heben und in einer Schüssel Teller mit einer Gabel zerdrücken.

Avocadocreme und Eigelbe vermengen und salzen. Creme mit einem Teelöffel in die Ei-Hälften einfüllen und mit Chiliflocken nach Geschmack bestreuen.

57. Paprika-Schiffchen

Zutaten

Für 2 Portionen

- 1 rote und grüne Paprikaschote
- 160 g Frischkäse
- 160 g Magerquark
- 1 Knoblauchzehe
- 1 Tl abgeriebene Zitronenschale (unbehandelt)
- 2 El Schnittlauchröllchen
- Salz
- Pfeffer
- 1/2 Tl edelsüßes Paprikapulver

Zeit

25 Min.

Nährwert

Pro Portion 340 kcal

Kohlenhydrate: 9 g

Eiweiß: 20 g

Fett: 24 g

Zubereitung

Rote und grüne Paprikaschote waschen und entkernen. Schoten je nach Größe in je 6-8 Schiffchen schneiden. Frischkäse und Magerquark vermengen. Knoblauchzehe durchpressen, abgeriebene Zitronenschale und Schnittlauchröllchen untermischen, salzen und pfeffern.

Frischkäsemasse mit einem Teelöffel auf die Schiffchen geben, Schiffchen auf eine Platte setzen. Mit edelsüßem Paprikapulver würzen.

58. Enten-Saté mit Endiviensalat

Zutaten

- Für 4 Portionen
- 1 Entenbrust (ca. 300 g)
- 15 g frischer Ingwer
- 1 kleine Knoblauchzehe
- 1 rote Peperoni
- 10 El Sojasauce
- 4 Tl Honig
- 3 El Mandeln (mit Haut)
- 1 Orange
- 3 El Limettensaft
- Salz
- 1 Msp. Chiliflocken
- 1 Tl Sesamöl
- 4 El Olivenöl
- 1 Endiviensalat

Zeit

40 Min.

+ Marinierzeit

Nährwert

Pro Portion 312 kcal

Kohlenhydrate: 12 g

Eiweiß: 13 g

Fett: 22 g

Zubereitung

6 Holzspieße für 15 Min. in kaltes Wasser legen. Haut von der Entenbrust lösen. Fleisch längs in ca. 6 schmale Scheiben schneiden. Wellig auf die Holzspieße stecken und in eine längliche Auflaufform legen. Ingwer schälen, mit Knoblauch und Peperoni klein zerhacken. Alles mit Sojasauce und 1 Tl Honig vermengen und über die Entenspieße geben. Dann 1 Std. marinieren.

Mandeln grob zerhacken, in einer Pfanne fettfrei anrösten. Orange so schälen, dass die weiße Haut vollständig entfernt ist. Orange in schmale Scheiben schneiden. Scheiben dann klein würfeln. Orangenwürfel, ausgetretenen Saft, Limettensaft, 3 Tl Honig, etwas Salz, Chiliflocken, Sesamöl und Olivenöl vermengen. Mandeln untermischen. Salat putzen, waschen, trocken schütteln und in mundgerechte Stücke zerreißen.

Spieße abtropfen lassen, auf dem heißen Grill bei starker Glut ca. 5 Min. rundherum grillen, dabei mehrmals wenden. Mit dem Salat zusammen servieren.

59. „Arancini"-mit Hackfleisch gefüllte Reisklöße

Zutaten

- Für 12 Stücke
- 400 g Langkornreis
- Salz
- 90 g Pecorino (fein gerieben)
- 110 g weiße Zwiebeln
- 1 Knoblauchzehe
- 1 kleine rote Chilischote
- 1 kleine Dose geschälte Tomaten, (400 g)
- 4 El Olivenöl
- 240 g gemischtes Hackfleisch
- Pfeffer
- 1 El Tomatenmark
- 60 g Erbsen, (TK)
- 4 Eier , (Kl. M)
- 60 g Semmelbrösel
- 3 L Pflanzenöl
- Außerdem
- Küchenpapier

Zeit

55 Min.

plus Kühlzeit über Nacht, plus Garzeit 1:30 Stunden

Nährwert

Pro Stück 306 kcal

Kohlenhydrate: 31 g

Eiweiß: 12 g

Fett: 17 g

Zubereitung

Am Vortag: Den Reis in reichlich Salzwasser ca. 18 Minuten garen, in ein Sieb gießen, abschrecken, gut abtropfen und abkühlen lassen. Reis in einer Backschüssel mit dem Käse gut vermengen, abgedeckt über Nacht in den Kühlschrank stellen.

Am Vortag: Zwiebeln fein würfeln. Knoblauch halbieren. Chilischote putzen und klein schneiden. Tomaten abgießen, im Sieb abtropfen lassen, den Saft auffangen. Tomaten dann klein hacken.

Olivenöl in einem Topf erhitzen, Hackfleisch darin bei mittlerer bis starker Hitze 3–4 Minuten krümelig anbraten, mit Salz und Pfeffer kräftig würzen. Zwiebeln, Knoblauch und Chili hinzugeben und weitere 4–5 Minuten mit anbraten. Tomatenmark dazugeben und 30 Sekunden untermischen. Tomaten und Tomatensaft hinzugeben und offen bei milder Hitze 55–60 Minuten reduzieren. In der Zwischenzeit die Erbsen in kochendem Salzwasser 3 Minuten garen, abgießen und gut abtropfen lassen. Erkaltete Erbsen mit der erkalteten Hackfleischsauce gut vermengen und über Nacht in den Kühlschank stellen.

Eier trennen, Eiweiße in einer Schüssel mit einer Gabel leicht aufschlagen. Eigelbe unter den Reis vermengen, etwas mit Salz und Pfeffer würzen. Semmelbrösel in eine flache Schale hinein geben.

Aus der Reismasse 12 Kugeln à ca. 100 g formen. Aus der Hackfleischmasse 12 Bällchen mit angefeuchteten Fingern formen. Reiskugeln dann flach drücken, Hackbällchen mittig darauf legen. Die Reismasse behutsam um die Fleischmasse legen, gut andrücken und zu ovalen Klößchen formen. Reis-Klöße erst im Eiweiß und danach in den Semmelbröseln wenden, diesen Vorgang dann einmal wiederholen.

Das Öl in einem schmalen hohen Topf auf ca. 170 Grad erhitzen, darin jeweils 2–3 Reisklöße goldbraun frittieren, ab und zu wenden. Klöße herausnehmen und auf Küchenpapier gut abtropfen lassen. Sofort heiß servieren.

60. Pikante Windbeutel

Zutaten

Für 8 Portionen

- Salz
- 50 g Butter in Stücken
- 90 g Mehl
- 1 Tl rosenscharfes Paprikapulver
- 2 Eier (Kl. M)
- 1 kleiner säuerlicher Apfel
- 420 g Fleischsalat (Kühlregal)
- 2 El Schnittlauchröllchen
- 2 El Vollmilchjoghurt natur

Zeit

40 Min.

+ Kühlzeit

Nährwert

Pro Portion 264 kcal

Kohlenhydrate: 11 g

Eiweiß: 7 g

Fett: 21 g

Zubereitung:

100 ml Wasser, 1/2 Tl Salz und Butter in einem Topf aufköcheln. Den Topf von der Herdplatte ziehen. Mehl und 1/2 Tl Paprikapulver auf einmal hinzugeben und mit einem Kochlöffel untermengen. Dann auf der ausgeschalteten Herdplatte so lange weiter rühren, bis der Teig zum Kloß wird und sich auf dem Topfboden eine weiße Schicht gebildet hat. Teig in eine Backschüssel füllen und 5 Min. abkühlen lassen.

Eier nacheinander mit einem Handrührgerät unterkneten. Backpulver kurz unterkneten. Mit angefeuchten Fingern 8 Teigportionen auf ein mit Backpapier belegtes Blech setzen, dabei ausreichend Abstand zueinander lassen. Im vorgeheizten Backofen bei 220 Grad (Umluft 200 Grad) auf der unteren Einschubleiste 16-17 Min. goldgelb backen.

Nach dem Backen abkühlen lassen, mit einem Sägemesser waagrecht durchschneiden, auseinander klappen und vollständig auskühlen lassen.

Inzwischen den Apfel entkernen und klein würfeln. Fleischsalat mit Apfel, Schnittlauch und Joghurt vermengen, evtl. etwas salzen. Kurz vor dem Servieren in die Windbeutel einfüllen. Mit etwas Paprikapulver bestreuen und servieren.

61 Ouzo-Bällchen

Zutaten

- Für 16 Portionen
- 1 Zwiebel
- 1 Knoblauchzehe
- 1 Scheibe Toastbrot
- 6 El Ouzo
- 320 g Rinderhack
- 5 El gehackte Minze
- Salz
- Pfeffer
- 2-3 El Öl

Zeit

30 Min.

Nährwert

Pro Portion 58 kcal

Kohlenhydrate: 1 g

Eiweiß: 3 g

Fett: 3 g

Zubereitung

1 Zwiebel und 1 Knoblauchzehe klein würfeln. 1 Scheibe Toastbrot fein würfeln und mit 6 EL Ouzo beträufeln. 320 g Rinderhack mit Toastbrotwürfeln, 5 El gehackter Minze, Salz und Pfeffer vermengen.

Aus der Masse 16 gleich große Bällchen formen. 2 El Öl in einer beschichteten Pfanne erhitzen und die Bällchen darin rundherum bei mittlerer bis starker Hitze ca. 6 Min. fertig braten.

62. Teriyaki-Spieße

Zutaten

- Für 4 Portionen
- 30 g frischer Ingwer
- 8 El Teriyaki-Sauce für Fleisch
- 4 dünne Schweineschnitzel (à 100 g)
- 16 Holzspieße
- 1 Zwiebel
- 3 El Öl
- 160 g ungesüßte Erdnusscreme
- 1 Tl Sambal Olek
- 4 El Sojasauce
- 110 ml Ananassaft
- 2 El Schnittlauchröllchen

Zeit

40 Min.

Nährwert

Pro Portion 440 kcal

Kohlenhydrate: 10 g

Eiweiß: 33 g

Fett: 29 g

Zubereitung

Ingwer dünn schälen, klein hacken und mit Teriyaki-Sauce vermengen. Schweineschnitzel trocken tupfen, in je 4 Streifen zerschneiden und wellenförmig auf 16 Holzspieße aufstecken. Mit der Marinade gleichmäßig bestreichen und in den Kühlschrank.

Zwiebel klein würfeln und in 1 El Öl glasig dünsten. Zimmerwarme ungesüßte Erdnusscreme, Sambal Olek, Sojasauce und Ananassaft vermischen. Zwiebelwürfel und Schnittlauchröllchen untermengen.

2 El Öl in einer großen Pfanne erwärmen, Hälfte der Spieße darin auf jeder Seite ca. 3 Min. braten, dabei nach dem Wenden mit Marinade gleichmäßig bestreichen. Spieße herausnehmen und im Backofen warm stellen. Restliche Spieße ebenso zubereiten. Mit der Erdnuss-Sauce auf Tellern anrichten.

63. Gefüllte Champignons mit Mett

Zutaten

- Für 6 Portionen
- 220 g Thüringer Mett
- 1 El Fenchelsaat
- 1 Tl Thymian, gehackt
- Salz
- Pfeffer
- Cayennepfeffer
- 24 rosa Champignons, mittelgroß, (à 12 g)
- 35 g Mehl
- 2 Eier (Kl. M)
- 1 Tl Knoblauch, gehackt
- 1 Tl Petersilie, gehackt
- 80 g Semmelbrösel
- Öl
- Zitrone, Spalten (unbehandelt)

Zeit

45 Min.

Nährwert

Pro Portion 274 kcal

Kohlenhydrate: 11 g

Eiweiß: 10 g

Fett: 20 g

Zubereitung

220 g Thüringer Mett mit 1 El zerstoßener Fenchelsaat und 1 Tl gehacktem Thymian vermengen, dann mit etwas Salz, Pfeffer und Cayennepfeffer würzen. 24 mittelgroße rosa Champignons (à ca. 12 g) putzen und den Stiel herauslösen. Die Pilzkappen nun mit der Mettmasse füllen.

Die gefüllten Pilze in 35 g Mehl wälzen. 2 Eier (Kl. M) aufschlagen, salzen, pfeffern und mit 1 Tl gehacktem Knoblauch und 1 Tl gehackter Petersilie gut vermengen. Die Pilze erst in die Ei-Mischung tauchen, dann in 70 g Semmelbröseln wenden und in reichlich heißem Öl schön goldbraun fertig backen. Sofort mit Zitronenspalten (unbehandelt) servieren. Guten Appetit.

64. Backofen-Baguette

Zutaten

- Für 4 Portionen
- 2-3 Tomaten
- 5 Scheiben Manchego (spanischer Hartkäse)
- 2 Baguettes (zum Aufbacken)
- 4 Tl Basilikumpesto
- 12 Scheiben Chorizo

Zeit

35 Min.

Nährwert

Pro Portion 259 kcal

Kohlenhydrate: 27 g

Eiweiß: 11 g

Fett: 11 g

Zubereitung

Tomaten in dünne Scheibchen schneiden. Käsescheiben halbieren.

Baguettes längs halbieren und auf den Schnittflächen je mit 2 Tl Basilikum- Pesto gleichmäßig bestreichen. Die beiden unteren Hälften mit Tomaten, je 6 Scheiben Chorizo und dem Manchego gut belegen. Mit den oberen Hälften bedecken und einzeln dann fest in Alufolie wickeln.

Die verpackten Baguettes auf einem Rost im vorgeheizten Backofen bei 200 Grad (Umluft 180 Grad) auf der mittleren Einschubleiste ca. 15 Min. backen. Danach sofort auspacken und mit 6 kleinen Spießchen fixieren.

Einfach, aber lecker!

65. Käse-Lauch-Muffins

Zutaten

Für 12 Portionen

- 110 g Emmentaler
- 130 g Lauch
- 1/2 Apfel (100 g)
- 160 g Butter
- 1 Ei (Kl. M)
- 6 El Milch
- 1 Tl getrockneter Thymian
- Salz
- Pfeffer
- 250 g Mehl
- 1 Pk. Backpulver

Zeit

50 Min.

Nährwert

Pro Portion 212 kcal

Kohlenhydrate: 16 g

Eiweiß: 5 g

Fett: 13 g

Zubereitung

20 g Emmentaler reiben, den restlichen Käse in kleine Würfel schneiden. Lauch putzen, waschen und in feine Ringe schneiden. Apfel ungeschält halbieren, Kerngehäuse entfernen, in 1/2 cm große Würfel zerteilen.

Butter in einem Topf zerlassen und zur Seite stellen. 2 El davon in eine Pfanne geben. Lauch und Äpfel darin unter stetigem Rühren bei mittlerer Hitze ca. 5 Min. an braten, Pfanne zur Seite stellen.

Restliche Butter, Ei und Milch mit dem Handrührgerät vermengen. Mit Thymian, Salz und Pfeffer würzen. Käsewürfel, Lauch und Äpfel untermengen. Mehl und Backpulver vermengen und ganz kurz unter den Teig mischen, so dass sich die Zutaten gerade verbinden.

12 Muffin Manschetten in die Mulden eines Muffin Blechs verteilen, Teig in die Mulden hinein geben und geriebenem Käse darauf streuen. Im heißen Backofen bei 200 Grad (Umluft 180 Grad) auf der 2. Einschubleiste von unten 22-25 Min. backen. Noch lauwarm servieren.

66. Fischfrikadellen mit Mayonnaise

Zutaten

- Für 35 Stücke
- Fischfrikadellen
- 420 g Dorschfilet
- 110 g Räucherlachs
- 1/4 Bund Schnittlauch
- Salz
- 160 ml eiskalte Schlagsahne
- 1 El Kartoffelstärke
- Pfeffer
- Muskat
- 4 El Öl
- Mayonnaise
- 1 Bio-Ei, (Kl. M)
- 1 Tl Zitronensaft
- 1 Tl Senf
- Zucker
- 130 ml Öl
- 1 Beet Gartenkresse
- Salz
- Pfeffer
- 1 Bio-Gurke
- Außerdem
- Backpapier

Zeit

50 Min.

plus Garzeit 10 Minuten

Nährwert

Pro Stück 75 kcal

Kohlenhydrate: 1 g

Eiweiß: 3 g

Fett: 6 g

Zubereitung

Für die Frikadellen das Dorschfilet nur grob würfeln und 25 Minuten ins Gefrierfach legen. Räucherlachs sehr fein würfeln. Schnittlauch in kleine Röllchen schneiden. Dorschwürfel und 1 Tl Salz in einem Blitzhacker sehr fein pürieren. Eiskalte Sahne und Kartoffelstärke hinzugeben und kurz untermengen. Schnittlauch und Räucherlachs untermengen und mit Pfeffer und Muskat würzen.

Das Öl in einer Pfanne erwärmen. Mit angefeuchteten Händen pflaumengroße Fischfrikadellen aus der Fischmasse formen und in die Pfanne legen. Auf jeder Seite goldbraun braten, dann auf ein mit Backpapier ausgelegtes Backblech geben. Die Küchlein im vorgeheizten Backofen auf der 2. Einschubleiste von unten bei 180 Grad (Gas 2–3, Umluft 160 Grad) 9-10 Minuten garen.

Für die Mayonnaise Ei, Zitronensaft, Senf, 1 Prise Zucker und Öl in ein schmales hohes Gefäß hinein geben. Mit dem Mixer langsam hochziehen und so lange mixen, bis eine dicke Mayonnaise entstanden ist. Die Kresse vom Beet schneiden und die Hälfte davon indie Mayonnaise hinein rühren. Mit Salz und Pfeffer kräftig würzen.

Gurke streifig schälen und in dreißig ca. 1 cm dicke Scheiben schneiden. Fischfrikadellen auf die Gurkenscheiben legen, dann etwas Mayonnaise darauf geben. Mit restlicher Kresse garniert servieren.

Abkürzungen:

G	Gramm
TL	Teelöffel
Ml	Milliliter
EL	Esslöffel(Suppenlöffel)
L	Liter
evtl.	eventuell
n. B.	nicht Benannt
Msp.	Messerspitze
Pck.	Packung
gestr.	gestrichen
gr.	groß
Ggf.	gegebenenfalls
TK	Tiefkühl
Kl	klein
M	Mittel Groß
kcal	Kilokalorie
	Einfache Zubereitung
	Mittelschwere Zubereitung
	Schwere

Quellen:

1. Eigene Versuche
2. Versuche von Familie und Freunde
3. http://www.lecker.de/
4. http://www.essen-und-trinken.de
5. Bilder wurden ausschließlich von https://pixabay.com/de verwendet.

Wie waren die Informationen?

Solltest Du Gefallen an meinem Buch gefunden haben, wäre ich Dir sehr dankbar für Deine Bewertung. Um eine Bewertung zu hinterlassen,

klicke einfach hier (http://amzn.to/2CikJL7)

und bewerte das Buch mit einigen kurzen Sätzen.

Das dauert nicht länger als 2 Minuten.

Schreibe, was Dir ganz besonders gut gefallen hat und natürlich auch (konstruktiv), solltest Du etwas vermisst haben. Ich lese wirklich jede Bewertung und jedes persönliche Feedback (*info@rdw-traders-club.de*). Das hilft mir dabei, meine Bücher stetig zu verbessern und den persönlichen Kontakt mit meinen Lesern zu intensivieren.

Auf meiner Facebook Seite, in unserer geschlossenen Gruppe, lade ich Sie gerne ein das wir verschieden aktuelle Erlebnisse Diskutieren können und jeder für sich bewerten kann.

Weil meist gibt es nicht nur eine Wahrheit.
https://www.facebook.com/m.rockit/

Besuche mich auf Homepage:

http://www.rdw-traders-club.de/BUeCHER-VON-RDW

Wenn Du über Aktion und Angebote informiert werden möchtest,
Trage Dich bei unserem Newsletter-dienst ein,

versprochen kein Spam.

http://www.rdw-traders-club.de/epages/80159646.sf/de_DE/?ObjectPath=/Shops/80159646&ViewAction=ViewNewsletterVielen herzlichen

Dank für Deine Unterstützung.

M. Rockit

Mein Facebook Seite

https://www.facebook.com/m.rockit/

Rechtliches

Für Fragen und Anregungen:
info@rdw-traders-club.de

BUCHTITEL

Party Rezepte, einfach und schnelle Rezepte, mit viel Party - Spaß.:

66 REZEPTE ZUM VERLIEBEN Teil 9, Ich Will - Die Magie von Party Rezepte

Auflage,2   JAHR 2019
© by M Rockit
Herausgeber dieses Buches ist
VERLAG: Rock die Wellen Traders Club
ADRESSE: An der Brenzbahn 6

PLZ, 89073 **ORT,** ULM

Ansprechpartner Rose, Marcus

Steueridentifikation: USt-IdNr.: DE306394148

Copyright © 2018 by M. Rock - alle Rechte vorbehalten
Alle Rechte vorbehalten. Alle Texte, Textteile, Grafiken, Layouts sowie alle sonstigen schöpferischen Teile dieses Werks sind unter anderem urheberrechtlich geschützt. Das Kopieren, die Digitalisierung, die Farbverfremdung, sowie das

Herunterladen z.B. in den Arbeitsspeicher, das Smoothing, die Komprimierung in ein anderes Format und Ähnliches stellen unter anderem eine urheberrechtlich relevante Vervielfältigung dar. Verstöße gegen den urheberrechtlichen Schutz sowie jegliche Bearbeitung der hier erwähnten schöpferischen Elemente sind nur mit ausdrücklicher vorheriger Zustimmung des Autors zulässig. Zuwiderhandlungen werden unter anderem strafrechtlich verfolgt!

Lektorat & Korrektorat: RDW – Traders CLUB

Cover: **Germancreative**
(https://www.fiverr.com/germancreative)

ISBN-13: 978-1549990106

Druckerei: Amazon Media EU S.à r.l., 5 Rue Plaetis, L-2338, Luxembourg

Disclaimer-Alle Inhalte dieses Ratgebers/Kochbuches wurden nach bestem Wissen und Gewissen verfasst und nachgeforscht. Allerdings kann keine Gewähr für die Korrektheit, Ausführlichkeit und Vollständigkeit der enthaltenen Informationen gegeben werden. Der Herausgeber haftet für keine nachteiligen Auswirkungen, die in einem direkten oder indirekten Zusammenhang mit den Informationen dieses Ratgebers stehen.

Bücher Tipps

Bücher Tipps aus meiner Buchserie
KURZ UND KNAPP

Printed in Poland
by Amazon Fulfillment
Poland Sp. z o.o., Wrocław